课堂教学新样态丛书

丛书主编 杨四耕

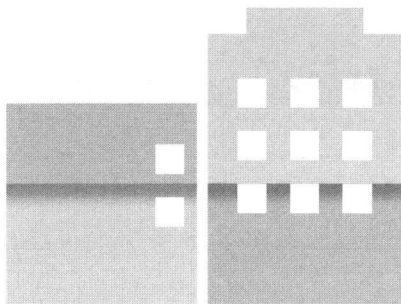

在教室里眺望世界

基于 BYOD 的教学方式变革

王笑慰◎主编

华东师范大学出版社

·上海·

图书在版编目(CIP)数据

在教室里眺望世界：基于 BYOD 的教学方式变革/王笑慰主编. —上海:华东师范大学出版社,2018
（课堂教学新样态丛书）
ISBN 978 - 7 - 5675 - 8247 - 7

Ⅰ.①在⋯ Ⅱ.①王⋯ Ⅲ.①课堂教学－教学改革－小学 Ⅳ.①G622.421

中国版本图书馆 CIP 数据核字（2018）第 202765 号

课堂教学新样态丛书

在教室里眺望世界：基于 BYOD 的教学方式变革

丛书主编　杨四耕
主　　编　王笑慰
责任编辑　刘　佳
特约审读　汪建华
责任校对　王婷婷
装帧设计　卢晓红　刘怡霖

出版发行　华东师范大学出版社
社　　址　上海市中山北路 3663 号　邮编 200062
网　　址　www.ecnupress.com.cn
电　　话　021 - 60821666　行政传真 021 - 62572105
客服电话　021 - 62865537　门市（邮购）电话 021 - 62869887
地　　址　上海市中山北路 3663 号华东师范大学校内先锋路口
网　　店　http://hdsdcbs.tmall.com

印 刷 者　杭州日报报业集团盛元印务有限公司
开　　本　787 毫米×1092 毫米　1/16
印　　张　16.25
字　　数　244 千字
版　　次　2019 年 3 月第 1 版
印　　次　2022 年 11 月第 3 次
书　　号　ISBN 978 - 7 - 5675 - 8247 - 7/G · 11436
定　　价　52.00 元

出 版 人　王　焰

被重新定义的课堂

苏联教育家赞科夫在《教学与发展》一书中指出：课堂教学必须"使班上所有的学生都得到一般发展"。也就是说，课堂教学要引导学生在认知、情感、技能等方面发生整体改变，在思维方式、情感体验、思想境界、为人处世等维度发生实质性变化；课堂教学应释放出生命感、意义感、眷注感、智慧感、美妙感、意境感、期待感……

长久以来，我们的课堂特别重视知识传承，以致许多学生能从容应对考试，却在生活中显得无能。有一位德国专家说："你们的教科书比我们的教科书厚，你们的题目比我们的题目难，但是你们得买我们的货。"这句话给我们的教育敲响了警钟，值得每一个人思考：请给知识注入生命，用经验激活知识，用智慧建构知识，用情感丰富知识，用心灵感悟知识，用想象拓展知识，让知识变得鲜活，让孩子们领悟到生命的伟岸！课堂教学是思想与思想的碰撞，是心灵与心灵的相遇，是生命与生命的对话，让我们用热情去拥抱课堂——课堂是眷注生命的地方。

我们必须清醒：如果把揭示人生的意义看作是认识论的任务，我们就永远不可能把这个意义揭示出来，因为，知识的增长并不一定使生活变得完美。当认识、知识成了第一性的东西，情感和意志便成了奴仆。这样，一个人受的教育越多，他们的思想就越会被包裹在一层坚实的知识硬壳之中。其实，臻达人性完美需要"另一种"教学，这种教学与理解融合，教学本身即理解，理解本身即教学。教学是生命意义的澄明，使人不断地自我超越，"不停地'进入生活'，不停地变成一个人"。说白了，课堂里蕴涵着"人是什么"的答案。因此，在一般意义上，教学即对理解的自觉追求；在终极意义上，教学即理解。它们共同揭示了一个深刻的道理：课堂是善解人意的地方。

俄国教育学家乌申斯基曾经说过:"教育的主要目的在于使学生获得幸福,不能为任何不相干的利益而牺牲这种幸福。"诺丁斯也提过:"一种好的教育就应该极大地促进个人和集体的幸福。"课堂教学是师生双边活动,没有教师幸福地教,也就没有学生幸福地学。当老师和学生积极参与到课堂教学之中,让生命释放意义感,他们就能在丰富多彩的教学活动中成长,获得生命意义上的幸福感。幸福是人类的永恒情结,课堂教学不仅应给人高品位的精神生活,而且应给人高品位的幸福体验。从一定意义上说,课堂是守望幸福的地方。人的一生能否过得幸福,很大程度上取决于他今天在课堂生活中能否获得幸福。这或许就是课堂教学的深刻意义所在。

我们的课堂善用纪律规范行为,用训练规约思想,却漠视人的情感与独特感受,课堂因此没有了盎然的生气。课堂理应是春暖花开的地方,宁静,安全,温馨,轻松。在这里,有家的感觉,不用担心"万一说错了怎么办",孩子们敢于说"我有不同的想法""老师,你讲错了";在这里,孩子们不怕"露怯",不怕"幼稚",能道出困惑,能露出观点,能形成质疑;在这里,有诗情画意,有奇思妙想,有思维碰撞,有情景,有灵气,课堂因此有了一种奇妙的意境感。

课堂也是为放飞梦想而存在的。孩子们充满想象,面对这个世界,他们无拘无束,内心有太多美好的期待。他们渴望走向社会,走进自然。课堂是广袤的天地,上下五千年,纵横数万里,任你穿越。课堂中心、书本中心、教师中心,多么不堪一击!课堂教学要回归曾经远离了的生活世界,穿越时间隧道,把过去、现在、未来浓缩在一起,跨越空间的界碑,让孩子们享受人类文明的成果。由此,课堂是凝视梦想的地方,这里有未来,有远方,有充满张力的诗……

怀特海说:"教育只有一个主题,那就是五彩缤纷的生活。但我们没有向学生展现生活这个独特的统一体,而是教他们代数、几何、科学、历史,却毫无结果;……以上这些能说代表了生活吗?"怀特海的观点是令人深思的:知识并不代表生活,生活需要智慧。很多时候,课堂与知识无关;课堂是一种态度、一种生活。有什么样的态度,就有什么样的生活。课堂教学的核心意义在于传递生活态度,让孩子们彻底明白:生命的厚度在于拥有静谧的时光,让心灵溢满宁静与幸福。这样，课堂教学有效性就能提高，课堂就不再是每一分钟都压得学生"喘不过气来"。无论如何，我们应该懂得，课堂是一个酝酿牵挂的地方。

派纳在《健全、疯狂与学校》一文的结语中说："我们毕业了，拿到了证书却没有清醒的头脑，知识渊博却只拥有人类可能性的碎片。"这多么令人深思啊！当人的需要、价值、情感被淹没在单纯的知识目标之中，生命感在这里便荡然无存。将课堂教学视为纯粹的认识活动，片面发展人的认识能力，看不到人的整体"形象"，特别是作为"在场的人"的"整体形象"被抽象；放眼世界，人之精神远遁，迷失于庞大的"静止结构"，这便是"教学认识论"的"悲剧范畴"。其实，课堂是一个意义时空，教学即谈心，学习即交心。当我们真正把学生看作活生生的人，就会发现：原来，课堂是点亮心灵的地方。

课堂教学是富含智慧和艺术的活动。只有把教师的主导性和学生的主动性都激发出来，才能算作真正的课堂教学。说白了，课堂是智慧碰撞的地方。课堂教学要善于抓住转瞬即逝的思维亮点，促成智性的提升和灵性的妙悟。如何围绕教学目标，理清教学思路，选用教学方法，驾驭教学机制，促进孩子们智性跃迁与灵性发展？如果我们只是单纯地传授知识，教师拼命讲，学生认真听、被动地接受，长此以往，学生的大脑便会"格式化"，发展便得不到真正的保障，他们只能在大脑中形成直线型知识反馈通路，无法呈现富有生命情愫的、饱满的人的形象！

对于课堂，我们可以有无穷的定义。一位哲人曾经说过："一种文化首先意味着一种眼光"，"眼光不同，对所有事情的理解就不同"。当课堂被重新定义的时候，当我们真切地回归课堂教学人文立场的时候，检视课堂教学的"眼光"便有了新的角度，课堂教学便有了新的样态。

杨四耕

2022 年 3 月 8 日于上海市教育科学研究院

目录

第一章　自由：激活生命时空的新坐标　／001

　　由于自己，摆脱束缚，谓之自由。自由，是一种状态、一种行动、一种思想。自由是教育的基础，自由之于教师，是智慧的修炼；自由之于学生，是灵性的释放。因此，不能过于束缚。好的教育就应该是给予教师和学生自由的教育。自由教育就是突破固有模式的局限，嵌入新的教学思维与方法，不断激发起学生探究、理解、发现、创造的主动性。自由，是束缚中求得释放，更是行为中激活思想。当教育本身被烙上自由的印记，才是我们期待的教育新姿态。

第二章　丰富：生命存在的饱满感　/ 053

　　丰富是一种生命存在的姿态，它可以是资源性质的，也可以是情感性质的。它可以是"生存资源"或是"生活资源"，亦可以是纤柔、敏感的女子，饱含深情又柔肠粉泪，还可以是韬光养晦的智者，知世不故、韫匵藏珠。如今，互联网的开启改变了全球人们的工作模式、社交模式、购物模式，丰富又呈现出了另一种新姿态——丰富的数字教学姿态。"丰富"这一主题词变得更加丰盈、诱人、博大、深邃。因为多元而"丰富"，因为积累而"丰富"，因为丰富而"丰富"。

第三章　立体：让课堂绽放灵动之花　/ 081

　　立体是世界的存在方式。大自然绚丽的色彩、变幻的光线、四季的更迭……让立体的世界如此美妙！我们课堂也理应是立体的。因为，学习的空间是立体的，学习的方式是立体的，学习的内容是立体的。我们要把"粉笔＋黑板＋课本"的平面教学手段和单向"注入式"的教学方法，拓展为立体的、多层面的、多向的、互动的教学方法手段，利用 BYOD 教学直观、形象的特点，充分调动学生的视觉、听觉，营造立体化、交互式的教学情境。

第四章　跨界：激发灵感于多维互动之中　／115

跨界，顾名思义，就是跨越边界，可以是跨行业、跨领域、跨文化，甚至是跨时空。它具有拓展眼界、激发灵感、挖掘潜力、提升能力的特点。它是由此情境到彼情境，是通过在一定情境中的"表现"来主动获取知识，是由点、线到核心的结合，是由直觉思维到创造思维，将学生的"学"引申到学生的"习"之活动，是在快乐体验中自我实现的创新之灵感，更是为了满足学生个性化的学习需求而搭建多样化的合作平台。

第五章　互动：多向动态实现教学共振　／163

"互"是一个象形字，原指一种绞绳用的工具。"互"的汉字结构好比两只手握在一起，正如"互"的引申字义里也包含着互相、双方的意义。互动之于教学是一个双向动态发展的过程。师生间的互动，活跃了课堂的民主氛围；学生之间的互动，促进了思维的交流和碰撞；人机之间的互动，打破了时空的限制，拓展了学习的广度。互动式学习，让学习产生共振，让参与者沉浸其中，让学习突破界限。

第六章　深度：直抵心灵深处的力量 / 199

　　深度是一股穿透力，是一股直抵心灵深处的力量，它将决定你能走多远。一个人如果想要成为一个行业的精英，他就需要不停地去追求深度，然后开拓创新。而所有创新的灵感，都是深度学习下的力量产物。深度之于学习，既能让人头脑中浮现出具象的学习画面，也能引发人对学习进行理性、抽象的思考；既能让个体相对轻松地各抒己见，进行个性化表达，也能让群体相对容易地达成某种共识。

后记 / 245

前 言

让儿童站在课堂的中央

　　互联网时代，几乎每一秒钟都在进化。即便是谈论送外卖，CEO 们都要说到"大数据"、"云计算"，更何况教育呢？这些崭新的"技术元素"，对教育已经产生了巨大的影响。

　　上海市闵行区罗阳小学"主动出击"，作为上海首个实现全校全员 BYOD 的学校，用"互联网＋"思维，定位于课程建设与信息技术的深度融合，依托"BYOD 教学方式变革"这一项目的实践与研究，以课题引领为实施策略，以"云资源、云空间、云学习、云评价、云管理"作为教学变革的路径，构建以移动互联网和智能终端为标志的数字化学习环境，利用信息技术形成"个性化的交互学习生态系统"，让线上线下学习融合的混合学习模式成为课堂学习的主流，使课堂穿越了校园围墙，通向"互联网＋"的入口，真正从宽视野去诠释课堂教学，让整个世界成为课堂，让"宽课堂"成为当前教学方式变革的一种选择。

　　基于 BYOD，宽课堂是一种教学主张，更是一种基于教育教学结构性变革的教学实践。它提供了数字化教学背景下的思维方式、行为准则和实施策略，它给课堂教学倾注更多的"宽内涵"、"宽特质"与"宽精神"！

　　基于 BYOD，宽课堂建构了移动学习与固定学习、线上学习与线下学习混合式学习、自主合作探究学习、无边界学习等多元并举的学习方式，实现课堂无边界、课程无边界、群社无边界、学法无边界，最大化地满足学生多样化、个性化的学习需求，实现个性化的、群社化的泛在学习。

　　基于 BYOD，宽课堂利用技术融合教育教学策略，面向"教"与"学"的发展呈现了多样性特征：

　　基于 BYOD，宽课堂是自由的：学习有了更大的灵活性。学生可以根据自身需要选择学习的时间和地点，有效主导和调控学习进程，满足个性化学习的需求。

基于 BYOD，宽课堂是立体的：轻巧、互联、多媒化、多感知的学习环境能够让学生调动各种感官去触摸到学习内容的"春夏秋冬"。

基于 BYOD，宽课堂是丰富的：为学习过程提供了情境感知、学习过程记录、学习数据分析、学习服务维护、学习诊断与评价等诸多智能化的支持，让学生能够精准地开展学习，实现智能导航学习。

基于 BYOD，宽课堂是跨界的：实现了多学科、多领域融合，课堂内外、社会生活的链接，现代与未来、长短课，跨课时之界的突破，让学习更加灵活、主动，让学生的参与度更强。

基于 BYOD，宽课堂是互动的：展现了"开放、平等、协作、分享"的互联网精神，打破学生学习的孤立状况，链接课堂内外个体的学习和群体的学习，形成一个完整的教学互动生态体。

基于 BYOD，宽课堂是深度的：让学生在应对复杂局面和问题时，能借助互联工具，"自由生成所需要的联系"，"迅速、灵活、正确地理解事物和解决问题"。

基于 BYOD，宽课堂让每一天都有一点新鲜感，每堂课都有新味道，更让数字化学习变得温暖、有趣。她像是牵动着一根无形的线，轻轻地弹拨着每一个学生的心弦，使学生想发言，想表达，想思考……可以说，BYOD 的宽课堂中的学生是愉悦的，是满足的，在自我发掘、自我完善的过程中，得到不断超越自我的快感。学生们得到提升的不只是知识层面，更是能力层面与精神层面。

四年多来，在罗阳小学的 BYOD 校园里，一支学习型、研究型数字化教学团队已形成。他们呈现出"研究着工作"的良好成长生态，关注"自觉、日常、系列化、创品质"等关键因素，在各种研究现场去体验、探究 BYOD 教学变革的开放、自主和高效，以及宽课堂的自由、立体、丰富、跨界、互动与深度，形成一定的"互联网＋"教育的思维品质、行为方式、教学策略……本书收录的 29 种学习模式就是展现了这支数字化教研团队在关注日常的小研讨、小反思中，挖掘出来的关于"互联网＋"教育的"大潜能"和"大智慧"。

上海市闵行区罗阳小学基于 BYOD 的教学方式变革，在日新月异的技术浪潮中固本溯源,乘风破浪,真正实现了学习方式的有效改革与创新。它坚守了未来学习的本质和规律,通过空间、课程与技术的融合,进行课程重构,形成个性化的学习支持体系,为每一个学生提供私人定制的教育,努力用信息技术建造一个让学生站在学习中央的能瞭望世界的"未来课堂"。

第一章　自由：激活生命时空的新坐标

　　由于自己,摆脱束缚,谓之自由。自由,是一种状态、一种行动、一种思想。自由是教育的基础,自由之于教师,是智慧的修炼;自由之于学生,是灵性的释放。因此,不能过于束缚。好的教育就应该是给予教师和学生自由的教育。自由教育就是突破固有模式的局限,嵌入新的教学思维与方法,不断激发起学生探究、理解、发现、创造的主动性。自由,是束缚中求得释放,更是行为中激活思想。当教育本身被烙上自由的印记,才是我们期待的教育新姿态。

　　导航学习:引领学习的风向标

　　分享学习:自学互学　智慧共存

　　化错学习:让学习真正地发生

　　搜索学习:让课堂"搜"出精彩

　　自适应学习:聚焦自主学习的调节

　　自主学习:新技术下教与学的变奏曲

　　自由之于教学，可以是形式上的，也可以是内容上的。教学形式上的自由，是教学过程的自由、教学空间的自由和教学方式的自由。教师可以突破不同的教学目的、不同的教学内容、不同的教学对象、不同的教学条件等诸多因素的制约，使用多种多样的教学形式。自由的教学形式既是对各个学科对象的年龄阶段等具体特点的建设，又具有其特殊的个别特点，达到个性与共性的统一。

　　教学内容的自由是指，教师的教学内容基于教材，根植于课堂，教师及时充实、调整、重组教学内容的灵活自由。教师根据学生学习的需求，选择有利于激发学生的学习兴趣，有利于学生参加探究活动和引发探究问题的教学内容。学生在老师的指导下，结合自身的需要，自由地根据学习目标、学习内容，通过自我调控完成学习任务。

　　自由之于教师，意味着教师角色定位的转换，意味着应与学生平等对话。它不仅是一种单纯的形式，更是弥漫、充盈于师生之间的一种教育情境和精神氛围。教师要根据学生的个性特点发展其"长"，又要发展其"需"。教师要在课堂中把学生原本的、自由的思想、情感"释放"出来，还学生独立、自主的学习权利，使每个学生在其身心发展过程中存在的个别差异都得以各得其所地最大限度地和谐发展。

　　自由之于学生，意味着学生心态的开放、参与的热情、创造性的解放。学生在学习上的自由是指，在具体的学习过程中独自思考、理解、表达，免于被作为"灌输"、"训练"对象的自由，以及质疑教师观点和教材观点的自由。自由的教与学的形式使学生获得了较大的自由空间，让学生在课堂上活动起来，思维跳跃、兴奋起来，让课堂更有创新活力。

　　现代社会学生教育的多元化，以及学生所接受的不同形式的学前教育和家庭培养,导致了学生个体思想、目标、能力、素质差异较大的情况。课堂教学以这样一个个活生生的、有独特个性和差异的学生为主体,要根据他们的需要确定教学目标,势必需要开放教学目标,使每一个学生在达成较统一的起始目标的同时又有各自的自向目标和老师超前预想目标,使各层次的学生都能得到理想的发展。

学生的学习思想自由不能像知识一样直接传授,但它需要在获取知识、经验的过程中经由教育者的悉心呵护而不断得到开启、丰富和发展。

总之,教育的自由是一种和谐、开放和创造的状态,表现为真正意义上的尊重生命、关注个性、崇尚智慧、追求人生幸福的教育境界。

范式 1-1 ————————————————————————————————

导航学习： 引领学习的风向标

教学实践表明,影响学生语文学习能力提升的主要问题有:教学形式较为单一,较难有效调动学生的学习积极性;语文教学中学生的主体地位不易凸显,多数是以教师为主体,学生被动听讲为常态,且语文教师在学生自主学习中的引导作用没有充分发挥;多数学生在学习过程中没有目标,知识的掌握是散状的,学习缺少正确的方法。这些现象不仅阻碍了学生自主学习能力的培养,也影响了学生学习的自信心,最终的结果是"学生苦学,教师苦教,结果苦恼"。

基于学校 BYOD 学习模式研究的背景,我们尝试导航学习的实践研究,运用电子书包网络学习平台来改变学生的学习方式,培养自主学习的能力。在网络学习平台上以导航学习菜单为教学载体,对学生的学习过程进行有效的引导,避免学习过程中出现迷航,从而提高学生的学习效率,达到预定的学习目标。

一、导航学习——学生自主探究

"导航学习"是指教师引导学生掌握正确的学习方法,遵循设定好的学习步骤,以达到教师预定的学习目标而采用的新的学习模式。

"导航学习"既是学生自主学习的方案,也是教师指导学生学习的方案,它是学生学习活动的路线图,指示着学生学习的路线、方向和基本要求,学生可以按照这个路线图去实践、去探究，从而完成学习的全过程。因此，在"导航学习"中，目标的设定和内容的编写起着非常重要的作用。"导航学习"的编写一定要以教材为核心，努力设定科学、规范、新颖、实用、高质的学案。

"导航学习"的意义体现在以下三个方面：

（一）提供学习路线图

从学生的角度来思考，学习路线图是提供给学生自主学习以完成学习目的的一种支架。它更多关注学生的学习状况，通过对学生的学习过程进行具体、深入的指导，以一个个任务模块让学生充分经历与体验语文学习的过程，为学生的学习提供自助式的服务。

（二）培养学生自学能力

古人云："授人以鱼，一饭之需；教人以渔，则终身受用。"我们教师的职责不仅仅是传道授业解惑，教会学生知识，更重要的是教会学生获取知识的方法，教会他们如何主动地掌握知识和发展技能。为此，培养学生自主学习的能力，需要我们精心设计教学中的每一个环节。只有提高学生自学能力，才能使我们的课堂更高效。

（三）激发学生探究意识

新课程改革的重点之一，就是要改变学生的学习方式，积极倡导"自主、合作、探究"的学习方式。要使学生从被动的接受性学习转变为主动的探究性学习，以适应未来社会和个人发展的需要。

"导航学习"模式能平衡这三者之间的关系，既能使学生依据学习线路图有效地完成学习任务，培养学生自主学习的能力，又能激发学生的探究意识。

二、导航学习——学生实践体验

人们常称当今的时代为信息时代，信息时代的特征是信息流通量大，信息波及面广，每一个人都必须面对与日俱增的信息。BYOD学习模式在教学中能提高教学效率，还可以培养学生对现代科学的兴趣。

（一）导航的课前使用

预习，好比在外出旅游之前看导游图，大概了解一下要游览的地方，做到心中有数。

小学语文也是这样。预习是核心环节，是学生感知新知识、发展思维的重要手段，预习的质量将直接影响课堂教学的质量。教师要根据学生能力和教材特点，精心编制渗透学习方法的导学案。导学案的编制要有利于激发学生的求知欲，让学生在预习中学会发现问题，并尝试着寻找答案。另外，指导预习要有一个由浅入深、循序渐进的过程。根据年级不同，逐步采用由教师指导到引领再到放手的策略。基于学校的 BYOD 学习模式研究，上新课前，我会在教学平台发布预习的方案，让学生依据导学案开展预习任务。

低年级的预习方案如下：

预习第一步：读一读。把课文读两遍，第一遍，放声读课文，不认识的字借助拼音，难读的地方多练几遍，把句子读完整，把课文读通顺；第二遍，轻声读课文，大致知道课文的内容，对课文有一个初步感知，为课堂教学做好铺垫。

预习第二步：标一标。让学生用数字给自然段标出序号。不要小看这一步，低年级学生对篇章的认识刚刚起步，自然段的标注能建构学生对文章的总体印象，这种印象对之后的读写会有较好的促进，使学生知道自己在写作文时也可以这样安排段落。此外，标注自然段也能便于师生在教学活动中的操作，如学生可直接向教师点明第几自然段的哪个地方有疑问，教师也能方便地向学生点明第几自然段需要注意什么，等等。

预习第三步：画一画。对照课后生字表中的生字，在课文中用横线画出带生字的词语，并且给生字标上拼音。学生在读课文时会对自己画出的字词有所重视，印象也比较深刻，识记生字效果较好。

预习第四步：查一查。低年级已经学会了字典的使用，通过音序查字法，加深学生对生字的声韵母的印象，通过部首查字法，让学生对生字的字形结构、笔顺笔画、书写规律有更明晰的了解。同时慢慢培养学生使用工具书进行自主学习的能力，这种习惯的养成对学生一生来说都是受益匪浅的。

预习第五步：写一写。每课后面都有"描一描"或"写一写"的练习，每个生字后面都有两个田字格，在做好前面几步的基础上，要求学生根据积累的写字规律和方法，正确书写课文中的生字，能记下难认、难写、易错的字以备交流。

叶圣陶曾经说过，教的目的是达到不要教。教师教学的最终目的，不是单纯地传授学生某些知识，而是教给学生掌握某些知识的方法。只有这样，学生才能变被动地接受知识为主动地学习知识,才能真正发挥其主体作用。教师一定要教给学生预习各种体裁课文的方法,让学生在预习中培养自学能力,使教学质量得到进一步提高。

(二)导航的课中使用

学为主体、以学论教——课上充分调动学生积极性,发挥学生主体作用以及教师的主导作用。

课堂的基本模式:

1. 课题导入。此部分主要起承上启下的作用,根据情况安排一些对本节内容教学有用的知识,以训练题的形式呈现,对新课而言起铺垫作用。

2. 检查反馈自学成果。

3. 教师投影学习指导方案,学生以此为指导,结合学案,对教学内容进行深入学习。此部分要求教师在课前通过备课,尽可能准确地预测出学生自学过程中的难点,同时通过问题调动学生积极思考,以期初步达到自学要求,同时通过自学完成学案上基础训练部分的习题。

4. 学生自学,教师巡视,解答学生自学中的疑难。

5. 学生合作探究(拓展、拔高、变式)——教师精讲点拨。

6. 梳理总结——反馈练习,拓展训练。

(三)导航的课后使用

新授课学习活动结束后,我会在教学平台发布练习巩固的测试题,以巩固本课的知识要点,提高学生学习能力。

1. 导航学习以单元课文为单位进行。同年级同学科教师围绕单元目标和课时目标设计题目,题目的设计分为 A、B、C 三个等级。其中,B、C 等级为基本知识和基本能力题,A 等级为能力拓展或能力创新题。

2. 每单元学习结束后,对全体学生进行单元测试,依据 A、B、C 三个等级进行评价与奖励。

3. 基本知识和基本能力学生需全部达标,不达标者再次重测,直到达标为止。

"导航学习"模式中的课前、课中、课后学习方式,为学生的学习指明了方向,学生的学习时间变得有效,有目标。这种学习模式真正减轻了学生的负担,让学生的学习变得更有效率,实现了轻负高效的学习愿望。

三、导航学习——教师有效引领

在 BYOD 学习模式中,可以运用导航学习的课前、课中、课后的不同学习模式指引学生学习。具体操作如下:

1. 课前——预习任务单

1) 适用于低年级语文教学

教师预先在 AISCHOOL 学习平台上发布分组研讨,学生独立完成预习任务单后,拍照上传至 AISCHOOL 学习平台,然后,学生分组进行评价或互评。

自学活动	记下学习的足迹	交流收获
读课文	多读几遍课文,试着把课文读正确、读流利。 评价:( )读熟练了 ( )一般 ( )还要读	
认生字	自学本课的生字,把你觉得难读难认的生字圈出来, 在旁边加注拼音,反复读几遍。	
写字词	经过仔细观察,你学会了哪几个字? 工整地写在下面吧。 (会几个写几个,一个字写两遍) 把你觉得易写错的字用笔标一标。	

自学活动	记下学习的足迹	交流收获
知内容	读完课文后，我知道了＿＿＿＿＿＿＿＿＿＿＿ ＿＿＿＿＿＿＿＿＿＿＿＿＿＿＿＿＿＿＿＿＿ 我想问：＿＿＿＿＿＿＿＿＿＿＿＿＿＿＿＿	
新收获		

低年级"课前——预习任务单"的设计，从内容方面看，它具体明确地向学生提出了要求，即自主学习时，学生该去做些什么，贯穿了读、写、疑、议的具体要求。不仅如此，更重要的是它还明确地告诉学生该怎么去做，如"一笔一画，生字描红"，"读课文，把课文读正确、读流利"，"写下你的收获"等等，使低年级的学生知道预习一篇课文的正确方法。学生在这样经常性的训练中，便会逐渐形成独立、自主学习的学科习惯。

2）适用于中高年级语文教学

资料集锦

搜集有关乡村风光的图片、诗歌或农家习俗等。

＿＿＿＿＿＿＿＿＿＿＿＿＿＿＿＿＿＿＿＿＿＿＿＿＿＿＿＿＿＿＿

＿＿＿＿＿＿＿＿＿＿＿＿＿＿＿＿＿＿＿＿＿＿＿＿＿＿＿＿＿＿＿

基础启航

1. 我已读课文（　　）遍，对自己进行评价并在相应的□中打"√"。

① 我满意。□　② 我比较满意。□　③ 我不满意，还需努力。□

2. 读读下列词语：

棚架、风趣、装饰、鸡冠花、顺序、照例、瞧见、率领、觅食、捣衣、倘若、屋檐、芍药、向晚、

归巢、和谐、辛苦、催眠曲、天高地阔、月明人静

(1) 评价：a. 准确、熟练。（　　）   b. 个别词语有困难：_____

(2) 我要提醒的字音有：

_____

(3) 我要提醒的字形有：

_____

(4) 我要提醒的词义有：

_____

3. 读了课文，我知道课文主要描绘了_____

_____

能力课堂

1. 课文描写了乡下人家的哪些生活场景？请你用简练的语言概括每一个场景。

_____

_____

小练笔：春天来了，瓜架上_____夏天到了，棚架上，_____秋天到了，_____

2. 我要选择一个喜欢的画面，把感受深的句子划出来，我还要写下我的感受。

_____

_____

教师预先在 AISCHOOL 学习平台上发布分组研讨，学生独立完成预习任务单之后，拍照上传至 AISCHOOL 学习平台，然后，学生分组进行评价或互评。

中、高年级"课前——预习任务单"的设计，明确提出了学习的要求，让学生预先介入学习过程，解决基本问题，并提出自己的疑难问题，然后带着问题进课堂。学生在"前置学习"时，不仅积累了学习的初步经验，而且可以通过查阅资料和网络搜索等途径获取更多资源，形成对新知的心理储备、知识储备，把"学"和"教"有机结合起来。同

时，内容设计的趣味性，又易于激发学生的学习兴趣，调动其学习的积极性。

2. 课中——学习路线图

语文教学有自身基本的学习模式，教学中要注意面向全体，注意学生听、说、读、写能力的培养与提高；也要注意对教材内容与知识的整体理解与掌握，不能使优美的语言文字支离破碎；更要注意在具体的教学过程中引导学生品味课文的语言美，理解课文的形象美，赏析课文的意境美，引导学生在语言环境中识字、学词、学句，促进儿童形成良好的语文素质。

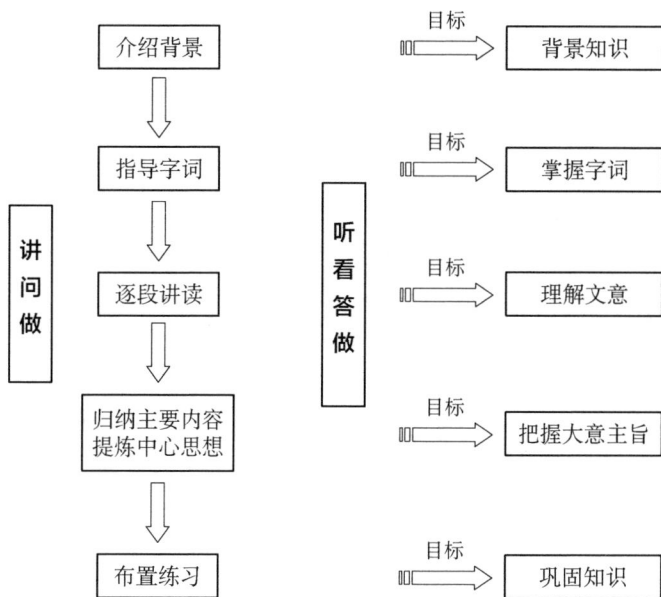

3. 课后——设计助学单

《新课标总体目标与内容》中指出："能主动进行探究性学习、激发想象力和创造潜能，在实践中学习和运用语文。"我们应该在这一思想的指导下，设计一些具有趣味性、实践性、开放性和教育性的作业，使其由已知导向未知，由单样演变为多样，对学生具有激励性和挑战性的作用，可使学生乐于去做，使学习活动变得生动而有趣。

【单选题】

1. "珍"字部首是(　　)，去掉部首后有(　　)笔。

　　A　王字旁　5

　　B　王字旁　4

2. 王字旁最后一笔是(　　)。

　　A　提

　　B　捺

3. 选词填空。

　　　　唐老鸭_____掉鸭毛，穿上新_____的大衣，心里真高兴。星期天，妈妈把看过

　　的报纸_____了，又_____了新报纸。

　　A　卖　买　买　卖

　　B　卖　买　卖　买

4. 连词成句。

　　① 唐老鸭　② 不该　③ 后悔　④ 为了　⑤ 失去　⑥ 真

　　⑦ 东西　⑧ 钱　⑨ 而　⑩ 珍贵的　⑪ 羽毛

_____

　　A　①⑥③，②④⑧⑨⑤⑩⑪。

　　B　①⑥③②④⑧⑨⑤⑩⑪。

【连线题】

5. 照样子，连一连。

　　真　买　沉　美　好　高

　　卖　丑　假　坏　低　浮

　　例如：适合低年级的助学单，《唐老鸭新传》一课设计如下：

三、根据课文内容，判断下面的说法是否正确。(正确的打"√"，错误的打"×")

(1) 唐老鸭的大衣能让他浮在水面上。 （ ）

(2) 为钱而失去珍贵的东西，唐老鸭很后悔。 （ ）

(3) 唐老鸭的羽毛给了他足够的浮力。 （ ）

四、阅读理解。

"收鸭毛！收鸭毛！高价收鸭毛！"听到喊声，唐老鸭看着自己全身丰满漂亮的羽毛，心想：假如把羽毛卖了，买件大衣，再上饭店吃上一顿多好哇。他卖掉羽毛，美美地吃了一顿，穿上新买的大衣，高兴地走在街上。这时，传来鸭子们欢快的叫声，原来鸭子们在池塘里游水。唐老鸭赶到池塘边，甩掉大衣，跳进水里。可是，不但没有游向前，反而慢慢沉下去。

1. 从文中找近义词。

如果（ ） 欢乐（ ） 美丽（ ）

2. 唐老鸭为什么要卖掉羽毛？他心里是怎么想的？请你用"_____"画出有关句子。

3. 找出画线句子中的写唐老鸭动作的词语。

_____ _____ _____

又如：适合中、高年级的助学单，《爸爸的老师》和《将相和》两课设计分别如下：

班级_____ 姓名_____ 学号_____

我会学！

一、给成语故事与主人公连线，并找这些成语故事读一读，理解成语意思。

卧薪尝胆	毛遂	纸上谈兵	项羽
三顾茅庐	重耳	暗度陈仓	赵括
望梅止渴	曹操	破釜沉舟	韩信
退避三舍	刘备	单刀赴会	刘禅
毛遂自荐	勾践	乐不思蜀	关羽

1. 按要求写词语。

　　表示看的词语 ＿＿＿＿　＿＿＿＿　＿＿＿＿

　　带有"提手旁"的字＿＿＿＿　＿＿＿＿　＿＿＿＿

　　表示说的词语 ＿＿＿＿　＿＿＿＿　＿＿＿＿

2. 选词填空。

　　严厉　严肃　严格

　　1) 老师对我们的要求很（　　）。

　　2) 今天我犯错误了,爸爸（　　）地批评了我。

　　3) 妈妈（　　）地说:"以后再也不能随便摘花了。"

3. 根据课文内容填空。

　　1) 我得感谢老师,是因为（　　　　　　）。

　　2) 我的爸爸虽然（　　　　　　）,但是（　　　　　　）。

我能行!

二、给多音字选择正确的读音。

1. 假（　　）如儿童节学校不放假（　　）,我们怎么办?

　　A jiǎ　　B jià

2. 我们有办法使从空中降（　　）落的敌人投降（　　）

　　A xiáng　　B jiàng

3. 你这着（　　）真绝,让他干着（　　）急,又无法着（　　）手应付,心里老是悬着（　　）。

　　A zhuó　　B zháo　　C zhāo　　D zhe

4. 出现矛盾要先调（　　）查,然后调（　　）解。

　　A tiáo　　B diào

5. 轧（　　）钢车间的工人很团结,没有相互倾轧（　　）的现象。

　　A yà　　B zhá

三、小练笔(写在本子上,别忘了拍照上传哦!):通过一件事写写同学、朋友之间团结友爱的事,要写清前因后果。

_____

_____

_____

我最棒!

根据自己的表现,圈一圈你能得几朵四季花。

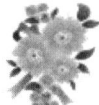

现代科技的飞速发展,电子书包教学的蓬勃兴起,使教学资源不断丰富。将全新的 BYOD 学习模式引入课堂教学,有助于提高课堂教学的质量和效益,为学生的发展提供强大的资源。在网络时代里,学生获得知识的途径增多了。因此,我们要转变观念,充分利用电子书包的优势,扬长避短,让 BYOD 学习模式为小学语文插上灵动的翅膀,使课堂成为知识融会的地方。

温馨提示

依托学校的 BYOD 学习模式研究和数字化校园环境,学生能借助 AISCHOOL 平台进行导航学习,获得更多个性化学习资源和成长空间,但在上述实践操作的步骤中还须注意以下几个方面:

1. **角色定位，准确认识自带设备的目的**。在 BYOD 学习模式研究下，学生可以自由携带和使用设备，但要清醒地认识设备的使用目的，要明确设备是用来促进学习的而不是娱乐的，从而自觉、安全、合理地使用自带设备。

2. **提高使用能力，发挥自带设备的价值**。在自带设备的教学应用中，如何更有效地利用设备提高学习效果，不仅是教师也是学生应该思考的问题。学生既要做好设备的充电、清洁，以及学习资料的整理、保存和备份等工作，又要学会利用设备更有效地记录信息、阅读信息、搜索信息、交流观点、传送资源等，并通过学校定期开展的培训活动，逐步提升自带设备的使用技巧。

3. **开展移动学习，提高 BYOD 学习模式的应用效果**。学生要充分、科学地利用自带设备进行移动学习。学生使用自带设备开展学习并不局限于课堂和学校，自带设备可以使学生在任何时间、任何地点进行学习。因此，在混合学习理念下，BYOD 学习模式支持的学习活动是校内和校外的联合学习，学习将变得更加自由和人性化，教学效果也会得到质的提升。

总之，"导航学习"的有效应用，应当结合教材、课标以及 BYOD 学习模式来精心设计，这就需要教师不断地认真细致地研究、挖掘学生的巨大潜力，探索符合实际的 BYOD 学习模式，使学生利用先进的 AISCHOOL 学习平台掌握学习内容，养成良好的学习习惯，使教学能适应现代教育的不断改革，从而有效地提高教学质量。

（撰稿者：楼　亮）

◉ 范式 1－2 ────────────────────────

分享学习：自学互学　智慧共存

分享学习是通过分享资料、分享感想、分享收获等,增进学生对所学内容的理解,拓展学生的课外阅读量,培养学生收集和处理信息的能力,培养思维能力。因此,高度重视并着力于网络环境下的语文分享学习,创造性地以新课标精神改革课堂教学,能让语文教学与社会发展同步前进,让学生在资源分享中提升语文学科素养。

一、分享,拓展教学时空

网络环境的开放性和资源共享的特点,为学生创设了广阔而自由的学习环境,拓展了教学时空。所谓分享学习模式,就是学生经过网络环境及校内 BYOD 学习模式的预习、感知、质疑、探究、创新,得出思考成果,然后在 AISCHOOL 平台进行分享的一种教学方式。学生经过交流分享和思维碰撞,擦出火花,萌生灵感,加深对知识的理解和掌握,提高自身的价值和成就感,培养探究精神和创新能力。

(一) 分享学习资源,激发学生学习的兴趣点

学习资源是语文课程资源的重要组成部分,是学生掌握知识的主渠道。阅读教学中,老师一定要有资源意识,充分发挥教材资源的作用,创造性地理解和使用,以教材为基点,全面辐射,努力开发,师生共同搜索网络教学资源,分享有效资源,从而形成最基本的知识点,同时激发学生深入学习的兴趣与愿望。

(二) 分享学习感悟,增强学生思考的积极性

教师引领学生通过 AISCHOOL 平台,发表不同的见解,对有分歧的问题进行辩论。通过辩论,让学生进一步理解感悟,懂得知识是无穷的,再博学的人也会有所不知,体会"学习是无止境的"的道理。课后 AISCHOOL 平台的分组研讨、班级微信群的自由发言,让课堂得到延伸,令 BYOD 学习模式下的讨论气氛很活跃。开放的 BYOD 学习模式给了学生更多的自主学习空间,让学生的思维在无拘无束的分享式学习讨论中,碰撞出智慧的火花,给语文学习注入生机。

(三) 分享成果收获,提升学生获得的成就感

美国学者鲁德说过:"兴趣不是学习的先决条件,而是学习的产物,是良好的教学的必然产物。它来自于取得成就的满足。"学生一旦拥有成就感,还怕没有学习兴趣吗? 通过便捷的网络环境,分享各自的学习成果,不正是成就感得到满足的体现吗?

通过分享,师生、生生可以交流心得体会,在思维的碰撞和贯通中,激发灵感,开阔思路,取长补短,共同进步。分享,可以使人在不断获得成就感的过程中,保持前进的脚步。

二、分享,激发学习活力

分享,是一种公开的"见证",是让自己的头脑再次受冲击的过程。功课是对头脑的教育,而分享,则是再次提醒头脑、教育头脑,深化这个教育。分享是一种大智慧,分享的人能收获高于常人几倍的快乐。

(一) 分享教材资源,提高学习效率

随着科学技术的飞速发展,网络环境信息之多之快,令人目不暇接,为学生提供了取之不尽的课外学习资源,网络信息、电子报刊媒体、广播电视等,展现了一个更加充实多彩的大课堂。让学生学会挖掘教材的有关资源,能让我们的课堂变单一为多向,变单层为多层。充分利用信息资源,能为学生打开另一扇知识大门,使他们在学习的过程中更开拓、更富有。

教师要鼓励学生关注网络信息,点击教育网站,获取有关信息,下载交流讨论,使

学生对学习产生浓厚兴趣。不同的学生，因为生活环境不同，成长经历不同，所以对事物的认识、知识的积累也不同。鼓励学生选择适合自己的学习方式，采用不同的学习方法，在相互交叉、互相渗透和整合中传递信息、分享资源，有助于提高学习效率。

课程资源蕴藏着无限的生命力，是学生收集信息、认识世界、发展思维的重要途径，课内课外互动互补，BYOD学习模式资源分享，学生获取的知识将是全面的、有厚度的。只有这样，我们的课堂才会焕发朝气，我们的学生才会拥有更加广阔的蓝天。

（二）分享学习感悟，丰富学习收获

有效的语文学习活动不仅仅是模仿与记忆，动手实践、自主探索与分享展示是学生学习语文的重要方式。网络环境下的资源感悟分享，是基于课堂学习感悟的交流分享。

1. BYOD学习模式分享交流目标明确化。一个高效的学习过程，必须是师生围绕同一目标开展的。只有让学生明确所学内容和探究的目标，才能避免无效的分享，从而提高学习分享的效率。

2. BYOD学习模式分享交流环境平等化。平台的自由度，使学生敢说、敢笑、敢于充分表现自己。学生精神放松了，形体自如了，个性就容易突出了。

3. BYOD学习模式分享交流方式多样化。学生参与分享交流的形式多种多样，可以用文字、图片、音频、视频等，每一个学生都有着自己的分享交流舞台。

4. BYOD学习模式分享交流时间无限化。课堂学习时间是有限的，而学生在课外的学习时间是无限的，他们能随时随地通过AISCHOOL平台自主开展学习并分享学习感受。

5. BYOD学习模式分享交流对象多元化。生生互动、师生互动是新语文学习的根本。只有师生之间双向沟通，生生之间多向交流，教师与学生融为一体，才能真正体现师生平等，而AISCHOOL平台正是为此提供了很好的学习环境。

6. BYOD学习模式分享交流评价过程化。分享交流的过程是一个自我评价、生生互评、教师评价的开放的过程。在这样的一个数字平台评价过程中，重视评价的内在的激励功能和诊断功能，帮助学生认识自我、建立自信，满足学生多方面的需求，特别是情感精神方面的需求，让每一名学生"活"起来、"动"起来，促进学生在原有水平上发展。

(三) 分享成果收获，唤起学习生长

《语文课程标准》指出："语文是实践性很强的课程，应着重培养学生的语文实践能力，而培养这种能力的途径也应是语文实践。"语文教学应根据教学实践和学生的实际情况，让学生充分展示自己各个方面的学习收获和才能，使分享成为学生综合性学习的舞台、展示自我的舞台。

我校搭建并实施 AISCHOOL 平台、学生个人成长平台、班级微信学习群、"我爱朗读"APP 等，就是要让学生在摸得着、看得见的学习轨迹中，体验到成就所带来的满足感，体会到学习的价值，进而激发生命活力。

三、分享，满足精神愉悦

语文教学，重在培养学生听说读写综合能力的发展。然而，全面发展的孩子是不多见的，更多孩子的能力发展是不全面的，有的说得很棒但听的能力弱，有的倾听习惯好但不愿意表达，还有的朗读出色但书写欠缺，等等。在分享学习的锻炼下，他们默契地配合学习，好的地方互相吸取，互相影响，形成了优势互补，不会听的孩子会倾听了，不敢说的孩子爱说了，只会读的孩子会读写结合了……BYOD 学习模式既给学生提供了一个平等参与、主动表现、展示才能的舞台，又在学习语文的同时，渗透了很多做人的道理。

例：《美丽的西双版纳》教学设计

(一) 分享教材资源，提高学习效率

1. 导入课文：出示西双版纳的有关图片。

师：你了解西双版纳吗？请你介绍一下。【分享课前学生搜索的图片资源】

2. 学生交流。【分享文字资源，语言交流分享】

3. 出示句子：西双版纳位于祖国的西南边陲。在这块美丽富饶的土地上，生活着傣族、哈尼族、汉族等 14 个民族。

师：人们都说，西双版纳是个美丽富饶的地方，它到底美在哪里？让我们跟随课文,一起去领略一番吧。

教材提供的学习内容有其局限性,学生能接触到的只是课文内容、插图及课后学习指导及练习题,而更多与课文相关的背景资料等,需要学生自主获得。在导入阶段,在 AISCHOOL 平台可以直接调用课前学生搜集的图片,并让学生来交流分享。有了这些资料作铺垫,学生的眼界宽了,课文的"理"就显得浅显易懂了。

(二) 分享学习感悟,丰富学习收获

1. 整体感知：出示自学要求

(1) 自由读课文,注意读准字音,读通句子。【分享感受同伴的朗读】

(2) 思考：西双版纳既是(　　　　)的王国,又是(　　　　)的王国,(　　　　)是这块土地上最美的风景。

2. 反馈交流

(1) 出示词语,学习生字新词。【分享记忆字形的方法】

(2) 思考：西双版纳既是(　　)的王国,又是(　　)的王国,(　　)是这块土地上最美的风景。【分享初读课文的收获】

(3) 快速默读课文,找一找,课文哪几节写了西双版纳是植物王国,哪里写了它是动物王国,哪里又写了各族人民的生活情况?【分享对文本的整体感悟】

3. 学习课文 2、3 节

(1) 默读第 2、3 节,圈出植物名称。

(2) 指名交流：望天树　箭毒木　古茶树　跳舞草　吃蚊花　扁担藤　海芋……

学习生字：壶、砍、扁

(3) 师生接龙读第 2 节：西双版纳的原始森林,无边无际,这里是植物的王国。有(耸立云霄的望天树),有(见血封喉的箭毒木),有(1700 年前的古茶树),有(会跳舞的草),有(会吃蚊虫的花)……

(4) 除了这些植物,课文第 3 小节还重点向我们介绍了两种有特殊本领的植物——"扁担藤"和"海芋",你更喜欢哪种植物?

请你读读第 3 节中介绍你喜欢的植物的句子。指名读,讲理由。【分享对文本的深入感悟】

（5）分两部分——"扁担藤"和"海芋"，比赛读。

（6）扮演其中一种植物，来介绍自己的本领。

西双版纳的奇藤异树、奇花异草远不止课文中介绍的这几种，谁愿意为大家介绍一下课外搜集到的资料？【分享学生搜索的资源】

（7）出示句式：西双版纳的植物种类真多，有（　　　），有（　　　），有（　　　），有（　　　）……真是植物的王国啊！

鼓励学生使用自主积累的描绘植物的好词。【分享学生的语言表达】

学习语文的过程是人生获得感悟的过程，让学生在诵读中，在情境中，在恰当的语言材料中，在积累中感悟，从而提高对语言的感知能力与语文综合素养。

（三）分享成果收获，唤起学习生长

1. 作业布置一：在 AISCHOOL 平台分组研讨或在"我爱朗读"APP 中有感情地朗读全文。【分享朗读成果】

2. 作业布置二：经过了西双版纳一课游，相信大家已经对西双版纳有了比较详细的了解，看，这是上海春秋旅行社的一则招聘启事（出示）。请想要应聘的同学准备一段简短的介绍，上传至 AISCHOOL 平台分组研讨，且展开自评与互评。（课文本身的语言较为生动，写出了很多动物的特点，学生在熟读之后，可以把这些语言用上，化为自己的。表达能力较强的同学，可以把自己找到的资料用上。这是搜集、提炼、处理、表达的综合过程，一方面，学生寻找资料、处理资料的能力可以得到锻炼，另一方面，语言文字训练也有了，可谓一举两得。）【分享课文的掌握情况】

快乐是一种欲望和期待得到满足后的精神愉悦。学生在分享朗读成果、分享体验小导游的过程中能够感到快乐，就会产生兴趣，迸发活力。兴趣是最好的老师，兴趣也是学好语文的钥匙。

温馨提示

1. **汲取同伴之长，弥补自己之短。** 学生需要汲取同伴的长处，弥补自己的短处,丰富自己的学习感悟。网络环境给分享学习提供了有效的分享平台,这一新型的学习模式应当能有效促进学生自主高效学习,实施中要注意促进学生在和别人交流中学到别人是怎么思考的,使学生懂得汲取他人的智慧。

2. **关注平台情况,及时点拨引导**。老师需要关注 AISCHOOL 平台的学生交流情况,及时加以引导与点拨,使学生学得更加高效。

3. **发现闪光亮点,互助学习进步**。学会发现别人的闪光点,多一些赞美,多一些鼓励,多一些帮助。

（撰稿者：史逸雁）

◉ 范式 1-3 ─────────────────────

化错学习： 让学习真正地发生

BYOD 是一种新型学习模式,师生通过相互连接的终端设备开展教学活动。在 BYOD 学习模式下的化错学习,既保护了学生的自尊心,又让学生有充分学习的时间和自由交流展示的平台,以深刻体验知识的形成过程,有助于激发学生的好奇心和求知欲,让学生在课堂上的学习愈发主动,让我们的学习真正发生。

一、化错,把学习引向深入

差错在学习中是不可避免的,差错的产生和存在具有必然性和普遍性,尤其是对小学生而言,"错"更具必然性。过度地防错、避错,使学生的好奇心、求知欲以及大胆尝试的探索意识被压抑乃至被扼杀,这与敢于冒险、在失误中开辟新思路的创造型个性和思维品质是背道而驰的。

化错学习,就是利用 BYOD 这一新型学习模式,在保护学生自尊心的情况下,充分挖掘并利用差错资源的多方面价值,培养学生直面错误、超越错误的求真人格,学做真人,将学习活动引向深入,引向心灵深处,而不仅仅是促进认知的发展。"化错学习"的优势主要体现在以下三个方面:

(一) 学会自我反思,自主探究

《学记》中说:"学然后知不足。"对于一节新课内容,如果学生没有了解并思考过,那他课上只能是被动地听，即使学会了，但由于自己没有探究过，印象不深，也是容易忘记的。而在 BYOD 学习模式下的化错学习中，课前教师将学习内容精心制作成若干个短的视频或 PPT，供学生个性化学习。学生根据自身情况来安排和控制自己的学习。学生在课外或回家看教师的视频讲解，观看视频的节奏快慢全在自己掌握，懂了的快进或跳过，没懂的倒退反复观看，也可停下来仔细思考或做笔记，甚至还可以通过聊天软件向老师和同伴寻求帮助。最重要的是，这是课堂内老师不能给予的，这是学生主动获取的，这样的学习才有延展性，才能达到事半功倍的效果。

（二）扎实掌握知识

轻易看到的风景不太会记住，但是当你千辛万苦爬上山，看到的风景就会终身难忘，学习也是这样。BYOD 学习模式下的化错学习，先推送微课，让学生对知识进行自主探究，课上利用终端设备对错解进行主题研讨，其后在 Pad 终端进行游戏闯关，最后 Pad 终端针对每个学生的错误形成错题集，有效地让学生对自己的薄弱点进行了训练。一系列的步骤实施下来，由于对该知识点的掌握是通过自身研究反思，把错解慢慢转化而得到的，所以掌握得就很扎实了。

（三）个性化学习空间

不同的学生，学习能力不同，掌握知识的快慢也不同。在传统的教学中，教师为了让学生掌握某一知识点，会采取"一刀切"的方法，大家再一起练习这些知识点，当然也可能会进行分层练习，但是老师真的了解每个孩子的薄弱环节吗？在 BYOD 学习模式下的化错学习中，Pad 终端清晰地记录下了每个学生所出现的错误，并根据每个学生的错误形成个人特有的错题集，对该生的错误进行针对性的练习，这样就使每个学生都有了自己独有的个性化学习空间。

总之，基于 BYOD 学习模式下的化错学习，实现了真正的学习。有化错，才有我们期待已久的主动学习、独立思考、创新活动的发生；有化错教学，才有学生快乐健康的成长。

二、用错误联通教与学的桥梁

化错学习在新授课型中，包括以下环节：自学微课，生成"错"；主题研讨，分析

"错"；游戏闯关，反思"错"；个性错题，消灭"错"。

（一）自学微课，生成"错"

学生通过微课自学，将还有没弄懂的地方通过前测练习反馈出来，生成错误资源，而课中教师就将根据这些错误资源展开"化错之旅"。

（二）主题研讨，分析"错"

通过主题研讨，利用学生之间的学习差异，生生之间、师生之间互助化错，弄懂错误形成的原因。

（三）游戏闯关，反思"错"

和练习发布不同，游戏闯关是必须把第 1 题做对了，才会跳到第 2 题。如果第 1 题错了，它会跳出做错的提示声音或文字，没有解析，那么学生就要反思这道题自己的问题出在哪里，直到通过第 1 关，再闯第 2 关。老师可以根据后台呈现的学生的闯关进度数据，去关注有困难的学生，加以个体辅导。

（四）个性错题，消灭"错"

课后的巩固练习，可以借助一起作业网。学生做错的题目会自动生成个性化的错题集，学生进入自己的错题集巩固，可以通过解析先弄懂原来的错误在哪里，然后完成系统自动匹配的跟进练习来消灭错误，扎实掌握知识点。

总之，BYOD 学习模式下的化错学习是通过网络终端的联通，达到学生自主学习的目的，学生和老师在网络上建起了教与学的桥梁，有利于教师对学生的了解，更有利于学生对自己学习状态的了解。

三、巧用化错，优化学习效果

下面就以《小数点的移动》这节课为例，谈谈我在 BYOD 学习模式下是怎样进行化错教学的。

（一）自学微课，生成"错"

1. 师：同学们，昨天大家回去通过微视频，预习自学了小数点的移动，这是我们小朋友昨天自学后，完成练习的情况统计表。

【设计意图】自测题的上传,使教师清晰地看到每位学生的自学情况,也了解了全班的整体学习水平,明确了学生的错误所在,课上的讲解有了针对性。

(二) 主题研讨,分析"错"

师:请同学们看屏幕,先看大家昨天做的第一组前测题情况。

(一起出示前面4题完成情况的正确率统计图)

师:第1、2题看来问题不大,正确率很高,那我们就来看看第3和第4题。我们先看

(1) $20.06 \times 10 =$	(2) $0.782 \times 100 =$
正确率:91%	正确率:86%
(3) $8.4 \times 10 =$	(4) $10.42 \times 1\,000 =$
正确率:78%	正确率:66%

看第3题。(出示答案:0.84,84.84,84)老师看到三种答案:0.84,84.84 和 84,你们觉得哪个答案是正确的,为什么? 小组讨论后派一人反馈。(教师推送选择题给组长)

【设计意图】主题研讨的推送,既保留了学生独立思考的空间,又体现了学生通过研讨由不懂到懂的思维变化。

（三）游戏闯关，反思"错"

师：现在我们来做个闯关游戏。（推送作业，分两部分：一、基础练习，基础题要求人人都会，教师根据后台情况，适时答疑；二、提高题，有三组，出错后会出示正解。教师根据后台呈现的闯关进度数据，去关注有困难的学生，加以个体辅导。）

基础题 1：在□里填上适当的数

$3.732 \xrightarrow{\times 10} \square$

$0.62 \xrightarrow{\times 1\,000} \square$

$37.32 \xrightarrow{\div 100} \square$

$3.07 \xrightarrow{\div 100} \square$

2. 选择

(1) $3.732 \times (\quad) = 3\,732$

    A. 10   B. 100

    C. 1 000   D. 10 000

(2) $30.07 \div (\quad) = 0.300\,7$

    A. 10   B. 100

    C. 1 000   D. 10 000

拓展练习：

小胖不小心把钢笔墨汁打翻在练习本上，本子上只留下了：

●●85×10● = 8.5

请你想一下原来的算式可能是什么？

【设计意图】Pad 推送闯关游戏，大大激发了学生的学习兴趣；教师通过后台的数据呈现，适时地对出错学生进行个性化指导，保护学生的自尊心。

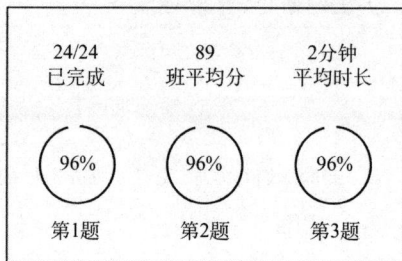

24/24 已完成	89 班平均分	2分钟 平均时长
96% 第1题	96% 第2题	96% 第3题

（四）个性错题，消灭"错"

师：今天我们一起学习了小数点的移动，谁来说说看？

生：乘法和除法一样，都是 10,100,1 000 小数点移动一位，二位，三位，只是小数点移动的方向不同，乘法向右移，除法向左移。

师：所以同学们一定先要搞清方向确定位数，然后再移动小数点。大家还有问题吗？没有问题那我们就来做一组题。请同学们利用自己手中的 Pad，选择正确的答案。

1. 口算：$2.18 \times 100 =$

2. 选择：$1.3 \times 1\,000 =$

 A. 13 B. 130 C. 0.13 D. 0.013

3. 填空：$0.52 \times (\quad\quad) = 5\,200$

（学生纷纷拿起 Pad，完成作业。）

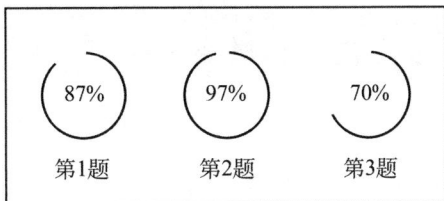

87%	97%	70%
第1题	第2题	第3题

【设计意图】通过一起作业网发布作业，每个学生完成练习，如果学生出错，会出现正解与解析，同时形成自己个性化的错题集。

总之，基于 BYOD 学习模式下的化错学习，让学生的错误成为促进学生学习的催化剂，帮助学生从模糊学习走向精确定位，减少无意义的付出，让老师获得有针对性的回应，优化了学习效果。

温馨提示

在化错学习中，教师的使命不可缺失。为了使化错学习不流于形式，在实践中，我们在设计和实施化错学习时，还须注意以下几个方面：

1. **以学生活动为主，个人纠错与集体纠错相结合。**对解题中所犯错误，自找错因，寻求正确解答途径，进行个人自查。这有利于加深认识，培养学生自我检查、自我评价的能力。集体纠错主要是以学习小组为单位，以集体的智慧和力量共同巩固知识，矫正错误。这有利于发挥学生的合作精神，充分发挥学生群策群力的智力潜能。

2. **以教师引导为主，学生参与，多途径纠错。**教师要及时调用学生反馈情况，针对解题犯错人数的多少和人员层次的不同，选择合适的方法，有时宜个别辅导、分散改错，有时则需集体改错。

（撰稿者：金　群）

范式 1 - 4 ——————————————————————

搜索学习：让课堂"搜"出精彩

随着信息技术和语文学科的整合，网络资源在语文教学中的应用已经是语文教学持续发展的重要支持。在学校 BYOD 学习模式研究的背景下，语文课堂改变传统教学形式，将多媒体技术引入课堂，运用搜索学习，促进教育教学的现代化。实现师生互动，活跃课堂，是提高教育教学质量的要求。

一、搜索是一种重要的学习方式

搜索学习对于教师而言，是指教师在互联网上查询各种语文教学资源，整合教学内容，做好教学设计；对于学生而言，学生可以利用搜索引擎查找相关的文字、图片、视频、音频等资源进行知识的学习，并且可以随时随地在互联网上查找相关的知识，进行学习方法的优化。可以说，搜索是一种重要的语文学习方式。

（一）搜索学习有利于激发学习兴趣

教师通过黑板、教具模型等向学生展示各种信息，在讲台上讲解、示范，学生在座位上吸收、记忆，课后抄写、背诵，这种以教师为中心的旧式的教学方法，不够生动形象，学生感到枯燥单调、不感兴趣。而搜索学习可以不受任何限制，将教学内容生动地再现于课堂，将书本上抽象的文字信息转化为生动的图像、优美的声音，把学生带入到具体的情境中去，从而使学生把握教材的内涵，理解其所要表达的思想感情。

（二）搜索学习有利于扩大学习容量

随着信息技术的发展，网络提供了大量可利用的资源，学生可以随时从网上查找自己需要的资料。网络信息的呈现方式也是多种多样的——文本、图片、音频、视频等等。运用搜索学习，可以在网络上搜索到很多资源，这些资源远远超出老师在课堂上教学的内容，可以满足各层次学生的需求。

（三）搜索学习有利于推进立体学习

学习语文不能仅仅停留在文字、读物所提供的知识和内容上，学生认识和理解语言文字的时候，常常离不开现实生活，离不开生活中的人和事，如果只有"读万卷书"，没有"行万里路"，那么对生活，对反映生活的文字、声音、图像、读物的理解就是十分有限的。小说、诗歌、戏剧课文，若单靠教师一人在台上讲解，尽管使尽浑身解数，由于受自身表演限制，也难以完全将情感表达出来。但如果运用搜索学习的方式，就可以达到事半功倍的效果。

总之，搜索学习对于教师和学生而言都有着重要的意义。教师要正确引导学生利用网络进行学习，这既可以促进教学，又可以促使学生健康成长。因此，教师在教学中要善于总结方法，引导学生正确使用搜索引擎并逐步学会从网络上获取相关的语文知识。

二、用搜索拓展学习空间

搜索学习要让学生充分利用多媒体资源，利用自己手中的 Pad，通过搜索引擎，学习寻找与课文相关的图片、音频或者视频资源。这一模式下的学习满足了学生不同的个性特征和学习需求。

（一）利用搜索引擎，搜集资料

三年级的课文篇幅变长了，语言的表达方法更加多样化了，对于孩子们的吸引力可能减少了，这就需要多媒体的介入。在学习课文之前，让学生在搜索引擎中输入相关信息的关键字词，查找相关的文字、图片、音频或者视频，上传至分组研讨。这样一来，学生和老师都可以通过平台交流分享。

（二）利用 AISCHOOL 平台，归纳整理

利用搜索引擎，学生可以搜集很多不同种类的资料。搜集完成后，在老师的指导下，学生将有价值的资料整理出来。在上课之前，学生通过资料的搜集和整理，对课文已有了初步的了解，再试着让他们用自己的语言来介绍相关课文内容。最后，通过上传录音的方式，分享给班级里的每一位同学。

（三）利用搜索资源，启发想象

语文教材里面优美的诗词歌赋和描写风景的散文、小说，意境优美，学习这些课文的时候，就可以运用搜索学习的方式来打造课文所展现的美景。教师适时引导学生利用搜索引擎在网络上搜集相关资源，用声音和图像来形象生动地描述所见、所想，培养学生在联想方面的能力，让他们进入到这些诗情画意里面，体验人物的喜怒哀乐，欣赏风景之美。

（四）利用搜索引擎，拓展练习

搜索学习与课后的练习也是可以相结合的。学生利用搜索引擎可以搜索到很多与课文相关的练习，教师再结合班级学生的学情和实际情况适当删选，作为课后的拓展资源。

（五）利用 AISCHOOL 平台，生生互评

课后的练习反馈可以是丰富多彩的，可以是生生互评、师生互评，以多种角度来评价学生的资源和作业。完成得好的同学可以通过平台展现在所有同学面前。学生的眼界开阔了，对语文学习的兴趣也提高了，语文综合水平也上了一个台阶。

总之，搜索学习为老师提供了丰富的教学情景，使用搜索学习进一步淡化了课堂与"真实世界"之间的距离，拓展了学生的学习空间，在真正意义上实现了学生与真实世界的接触与联系。

三、搜索学习洞开阅读视野

搜索学习可以洞开学生的阅读视野。这里以沪教版三年级第二学期的《南极风光》一文为例。《南极风光》是一篇内容生动、文笔优美的散文性说明文，课文分为"南

极风光"和"南极开发"两部分，重点是"南极风光"的介绍，依次形象生动地介绍了南极冰雪、南极动物和南极光。在 BYOD 学习模式下，利用 AISCHOOL 平台和搜索学习对课文进行学习，具体操作方法如下：

（一）利用搜索引擎，搜集资料

激趣说话，揭示课题：

1. 今天，我们要去探索一个特别的地方，它位于地球的最南端，叫南极。

2. 那儿有什么特别之处呢？

1）课前，学生搜索了关于南极的相关图片，并上传分组研讨。

2）请学生用自己的话来描述一下自己找到的相关图片。

南极离学生的生活实际太遥远，在学习《南极风光》这篇课文前，教师组织学生利用搜索引擎搜集南极的相关资料，让学生对南极有个初步的印象。每位同学都参与到资源的搜集中来，并将自己的搜索成果上传至分组研讨，分享给班级中的每位同学。与此同时，教师也可以看到学生搜集的各种素材，实现了资料搜集，师生共享。

（二）利用 AISCHOOL 平台，归纳整理

出示课文第 1 节：

地球上的南极是一个白茫茫的冰雪世界。在那里，没有奔腾的江河和潺潺的溪流，没有茂盛的树木和青葱的小草，更没有长满各种庄稼的田野。

（课前学生收集关于"白茫茫的冰雪世界"的图片，上传至分组研讨。）

（1）指名读、齐读。

（2）读了这些句子，你的眼前仿佛出现了一幅怎样的景象？

出示学生上传的相关图片。

学生交流。

（3）小结：作者一连用了三个"没有"，强调了南极是一个看不到绿色生命的冰雪世界。

本堂课，教师课前将这些资料归纳整理好，在课堂上直接呈现出来。学习课文第1自然段时，围绕"白茫茫的冰雪世界"，将课前整理好的资料呈现出来，学生可以通过图片充分理解"白茫茫的冰雪世界"。这样就体现了搜集资料、归纳整理的作用。

（三）利用搜索资源，启发想象

学习课文第 2 节：

1. 出示句子：狂暴的风吹起沙子般的雪粒，又把它堆积起来，形成一条条雪浪。有的地方，风还把雪堆成各种各样的形状：有的像隧道；有的像悬崖；有的像宫殿，晶莹剔透，造型奇异。

1）根据课文内容，请同学们在网上搜索相关图片。

2）同学之间交流自己的搜索成果。

3）评比哪一个同学的图片与课文内容最接近。

2. 出示图片，让学生运用课文语言或自己的语言讲述画面。

出示：有的地方，风还把雪堆成各种各样的形状：有的像_____，有的像_____，有的像_____，晶莹剔透，造型奇异。

3. 引读记诵。（出示图片帮助记忆）

本环节让学生运用课文语言或自己的语言讲述画面。学生没有看见过、没有体验过，怎么才能把句子补充完整呢？这时，教师就可以让学生借助自己和同学上传在平台里的资源，选取自己认为最适合的资源。一方面，可以启发学生的思维，另一方面，可以帮助学生将语言组织起来。这样就能实现启发学生想象力的作用。

（四）利用搜索引擎，拓展练习

学习课文第 4 节：

1. 搜索有关南极光的图片。

2. 回到课文，看看文章中是如何描写南极光的。

3. 指导朗读，读出感叹的语气。

4. 根据图片，引读记诵。

5. 小结：四个"有时像……"，既写出了南极光的美，又写出了南极光的变化之快。

6. 推送课堂练习，学生完成练习，拍照上传。同学之间互相点评。

本环节教师搜集相关课文习题，再将习题录入电子书包平台。最后，教师推送课文的相关练习，学生及时完成练习。教师可以根据教学内容，合理安排练习的内容和发布的时间，以取得最好的教学效果。这样一来，就可以实现搜集资料、拓展练习的目的。

（五）利用 AISCHOOL 平台，生生互评

激趣说话，揭示课题：

1. 今天，我们要去探索一个特别的地方，它位于地球的最南端，叫_____。（板书：南极）

2. 那儿有什么特别之处呢？

1）课前，学生搜索了关于南极的相关图片，并上传至分组研讨。

2）请学生用自己的话来描述一下自己找到的相关图片。

本环节，学生在课前完成对其他同学搜集到的资料的评价。例如：对于符合要求的资料，学生可以在本资料下方"点亮星星"；对于不符合要求的资料，同学们可以互相评论。本环节可以实现搜集资料、生生互评的目的。

总之，通过以上五种方式，搜索学习起到了洞开学生的阅读视野的作用。

温馨提示

搜索学习具有极强的工具性，它无与伦比的可查阅功能、可参考功能以及可信度使之成为"百科全书"，它的这些特点可以很好地拓展学生的学习渠道。但同时我们也要注意：

1. **抓住学科的特点和规律**。教师运用现代化教学手段的同时，要冷静，忌盲目，不能忽略语文学科本身具有的特点和传统教学的规律，要根据实际需要，寻找合适的切入点。

2. **硬件设施的配备和完善**。搜索学习的前提是要保证网络的通畅，这样课堂才能有序地进行。在复杂的网络环境下教学，除了在思想上对学生进行正确引导外，还要在技术上对网络教学环境进行监控，以确保教学过程的正常进行。

3. **多媒体运用的适时和有效**。完成语文课程的学习是目的，运用信息技术是手段。在运用现代化教学手段的同时，不能忽略语文学科本身具有的特点和传统教学的规律，不能让信息技术喧宾夺主。

（撰稿者：汤怡雯）

⬤ 范式 1–5 ————————————————————————————————————

自适应学习：聚焦自主学习的调节

　　我校开展的 BYOD 学习模式，是现代教育的一种教学模式的突破，是自适应学习的一种模式，给传统的"灌输式"的课堂教学带来了前所未有的冲击，将教育教学模式推向了一个以人为本、自我构建的阶段，对教育教学各要素起到了很好的促进作用。作为一名教师，更要改变教育观念，切实地掌握多种现代教育手段。

一、自适应，优化个性发展的学习

　　基于 BYOD 学习模式下的自适应学习是指，在网络学习环境中，在以"学习者为主体"的思想指导下，学习者根据自己的实际需要，自我组织，制定并执行适合自己的学习计划，自主选择适合自己的学习内容和学习策略，通过反馈信息积极主动地监控自己的学习活动进行的过程，对学习活动进行自我评估，并相应地调节学习过程各环节，以获得适合自己的最优化的个性发展的学习。

（一）有利于学生的个性发展

　　基于 BYOD 学习模式下的自适应学习是个别化学习，学生可以根据自己的学习状况，在信息平台上选择适合自己的学习资源来进行学习和练习。利用自己的网络终端，可以不受其他干扰，不必跟着老师的总体教学思路，可以针对自己的个性需求来进行自我学习。通过老师发布的预习要求，进行系列的课前学习，在进入课堂之前，对知识进行一定的了解。并且根据自己对知识的需求，进行网络学习，从而形成自己特有的学习模式。

（二）有利于学习的自我调节

基于 BYOD 学习模式下的自适应学习是一种灵活、自由的学习模式。学习者的学习主动性决定了学习的时间和空间。学习者为达到学习目标，能依据自我效能感灵活地运用网络学习平台，自我调节学习策略去促进学习。自我调节学习的循环模式，能够让学生感受到拥有学习的自控权，而这种感受又是激发学生自主学习的内部动机的主要源泉。自我调节学习是积极激励个体拥有与调用适当学习策略的学习，也是使学习者积极主动对认知活动增强自我意识、有效进行自我监控的学习。

（三）有利于学习的巩固深化

基于 BYOD 学习模式下的自适应学习是自我监控的学习。网络终端的存在，既可以便捷学生的自主学习，又可以使学生根据自己的独立账户，了解自己在某一知识点上的学习是否达标，对于未掌握的知识还可以进行巩固性的学习。例如，通过错题集了解自己的不足之处，通过教师的微课，针对某一知识点进行巩固复习。

总之，基于 BYOD 学习模式下的自适应学习模式，是一种适合学生当前学习状况的优化学习模式，是教师要大力提倡的一种新型学习模式。通过自适应学习模式的普及，可以提升学生各方面的学习能力。

二、用自适应模式，架构学生自主学习的通道

基于 BYOD 学习模式下的自适应学习模式，开启了一个全新的学习模式，是提升学生的学习能力和学习水平的一种方式，也是能够很好地辅助教师开展教学的一种手段。这样的模式运用，在我们的课堂中也是随处可见的。

（一）利用终端提供个别化学习环境

通过课前的导学单、微课自学等，学生在家即能进行人机一对一的课前预习，体现个别化学习环境。如果微课看一遍看不懂，还可以根据自己的需要多看几遍。

《正数与负数》导学案

班级＿＿＿＿＿＿　姓名＿＿＿＿＿＿　等第＿＿＿＿

同学们,今天我们要学习《正数与负数》。在学习之前,请先看一看下面的内容,让我们借助学习单一起来学习新知识吧!

一、【航标灯】

1. 结合温度、海拔等角度认识具有相反意义的量。

2. 知道正负数所表示的实际含义,通过自主举例和体验各种实例来认识正数和负数。

3. 初步会用正负数表示简单实际问题中具有相反意义的量。

二、【金钥匙】

会准确地用语言来表达相反意义的量。

三、【自主学】

我们在生活中经常会遇到这样的问题:

把收入 100 元表示为 100 元,那么支出 100 元能不能再用 100 元来表示呢?

把温度是零上 5℃表示为 5℃,那么零下 5℃还能用 5℃来表示吗?

显然不行,生活中的这些反义词,在数学中我们把它们称为“相反意义的量”。例如:上去、下来,往左、往右,前进、后退,等等。当我们把这些行为具体量化以后,就形成了数学中的“正数和负数”。除了 0 以外,我们之前学的所有分数、整数、小数都是正数。那什么是负数呢?

请你观看微课,并根据书上第 11、12 页去了解一下吧。

四、【试一试】

1. 连一连:把相反意义的词连起来。

存入　　　下降

上升　　　卖出

增加　　　支出

买入　　　减少

2. 在下列横线上填上适当的词,使前后构成意义相反的量。

(1) 收入 3 500 元,_____6 500 元;

(2) _____800 米,下降 240 米;

(3) 前进 200 米,_____300 米;

(4) 运进 5 吨,_____3 吨。

小学数学第十册第二单元

正数与负数

学 科:数 学

教 师:徐玉华

微课程 MICRO E-LESSON

例如,五年级的《正数与负数》这一课,教师通过信息平台发布一个导学案和一个自学的微课程。学生根据教师发布的微课进行初步学习,在有所习得的基础上,根据导学案的提示,完成相应的自主练习。教师可以通过学生的练习反馈,科学地制定课堂教学计划,有的放矢,有效提高课堂教学效率。

(二) 利用终端提供个性化学习资源

小学阶段的数学课程,信息平台上包含了各种学生比较容易接受的学习资源,例如数学小游戏、数学小微课、数学小练习等。利用终端设备,把这些丰富资源统整在一起,让学生有选择地使用,是自适应学习的优势。

例如,五年级的《方程解应用题》中的练习题,可以利用平台上的游戏形式,出一些客观题,结合学生的兴趣呈现。在有效练习的同时,也能提高学生自主学习的兴趣。

（三）利用终端提供多样化学习策略

基于BYOD学习模式下的自适应学习,可以让学生的学习变得更具灵活性,不再是单一的在课堂上听取老师的授课,而是可以在信息平台上自主观看微课学习。对于不理解的题目,可以通过错题解析的微课进行自主学习,也可以通过观看网络上的授课进行深度学习等。

学生通过信息终端可以选择适合自己的学习模式和学习方法,有利于学生学习能力的提升,更有利于学生学习能力的培养。

（四）利用终端提供及时的反馈信息

BYOD学习模式下的课堂,实现了包括电子白板、学生学习终端、教师终端等一系列硬件设备的无缝衔接。课堂中,教师开展测验及游戏比赛活动,提出问答题或者选择题,学生可以通过移动终端回答或者选择,服务平台及时汇总学生的回答情况,快速诊断学生的学习情况,教师及时分析结果并进行针对性教学;同时,教师在电子白板上的授课内容也实时呈现在学生的移动终端上,学生可以通过移动终端与教师端的电子白板进行交互操作,从而实现课堂教学的深度交互。例如,在课堂上,教师发布了一个客观练习题,学生在终端上完成后,教师的终端上马上就出现了统计结果,哪一个同学做错了,以及错误的原因都可以一一呈现,对于教师来说,学生的课堂学习情况可以一览无余。

（五）利用终端提供客观的学习评价

在BYOD学习模式下,通过信息平台上的预设,教师能快速地准备各种类型的评价练习。利用计算机进行辅助测评,可以及时反馈出哪些题错得较多,这样就极大地提高了课堂效率,使教师能及时地纠正和有更多的时间去深入研究这些问题出现的原因,检视自己备课中没有考虑到的方面。并且通过后台的设置,对于学生完成作业或者练习的情况,学生学习终端会给出客观公正的评价,使学生在完成作业的同时,能很明确地了解自己的学习状态。

总之,BYOD学习模式下的自适应学习是通过网络终端的联通,达到学生自主学习的目的,学生和教师在网络上建起了教与学的桥梁,有利于增加教师对学生的了解,更有利于提升学生对自己学习状态的了解。

三、自适应学习,激发学生自主学习的灵感

上述操作方法,都是依托 BYOD 学习模式,从"提供学生信息平台、学习资源",通过课前、课中、课后的教学策略的选择,采用多种练习途径反馈,最终通过信息平台的自我批改,对学生的学习情况给出一个正确的评价。

(一)利用终端提供个别化学习环境

BYOD 学习模式,是学生借助终端设备自主学习的一种方式,完全建立在学生自我学习的基础上,特别适合在家里进行的自习、预习。

例如,五年级教材中"自然数"的教学,教师就是采用让学生进行自主预习、自习的教学方式,提前发布了预习要求,通过网络终端让学生在家中进行了系列学习。

通过预习任务的发布和回收,教师可以很好地掌控学生的学习情况,然后可以根据学生自主学习的状况,在课堂上进行有针对性的讲解和纠错。

(二)利用终端提供个性化学习资源

学生的学习水平是有差异的,学习能力也是参差不齐的,因此对于知识的需求也是不同的,教师可以在资源库中提供不同层次学生所需要的内容,辅助学生学习。例如,在五年级教材中"可能性"的学习中,教师可以根据学生不同层次的需求,有选择地布置任务,让学生在自己的水平层次有所习得。

(三)利用终端提供多样化学习策略

在数学课堂中,教师只有把"自主、合作、探究"与"模仿、训练"这两种方法有机结合起来,才能更好地发挥在课堂中的组织和引导作用。借助终端的平台,可以为学生提供多途径学习模式,例如五年级"可能性"教学过程中,教师通过平台发布预习任务,

让学生根据预习任务先学习微课，然后开展分组研讨，教师再利用平台反馈的数据了解学生的学习情况，有针对性地开展课堂教学，并通过课堂上的投票，以及课堂提问等功能的选择，最终完成本节课的教学任务。

（四）利用终端提供及时的反馈信息

终端的作业布置功能是很强大的，针对每节课有专门的配套练习，学生完成练习后，教师只要点击"检查作业"，马上就可以呈现学生的作业情况，个人的和班级的情况都可以查阅，就连学生订正的情况也可以清楚地掌握。例如，对于一年级学生对时间

---

① 本图片为 APP 截图，为读者展示一种"互联网＋课堂"的方式。——编者注

的初步认识的题目，教师可以通过查看详情，分析班级情况；按学生查看，可以看到每一位学生的错题情况；点击按题目查看，就可以看到每一道题目的答题情况。

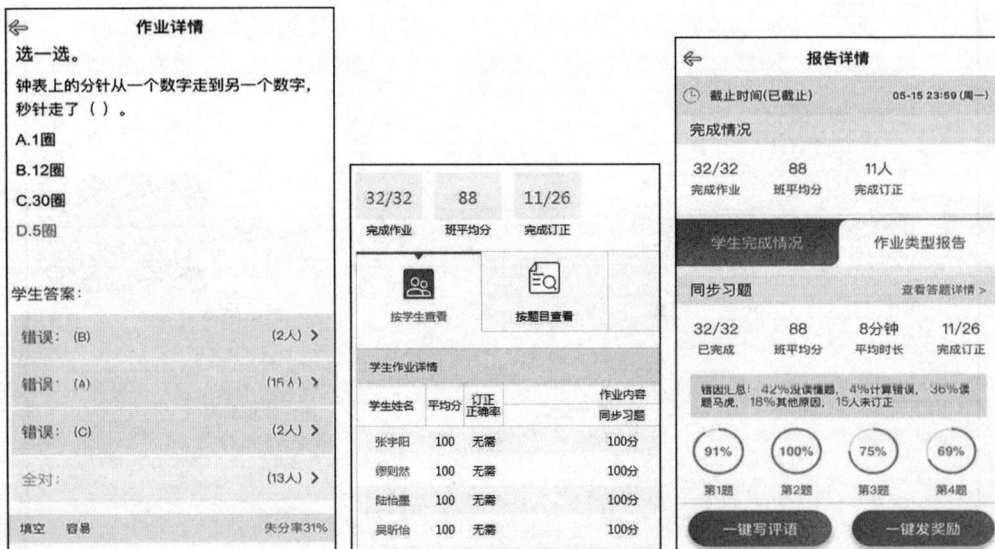

这是针对一道选择题给出的班级情况分析，可以让教师很清楚地了解学生对知识的掌握情况。同时，对班级的情况，后台也能给出一个完整的情况分析，让老师对学生整体的学习情况一目了然。

（五）利用终端提供客观的学习评价

教师评价学生是指教师根据指标体系，客观、公正、实事求是地对学生的学习作出价值判断。那么，有了终端这个"大公无私"的大数据的统计，对学生的评价就更为公平和客观了。

通过后台的数据统计，教师可以有的放矢，针对学生的薄弱点进行系统的辅导，更有利于促进学生的学习。

自适应学习是在学习研究的范式下，一种以计算机技术为主导的学习环境和系统的横向探索。通过分析学生对问题具体的回答，为学生提供独一无二的内容反馈、线索和学习资源。该学习模式可以根据每个学生不同的学习情况，当即提供合适的反馈，包括提示和学习材料等。

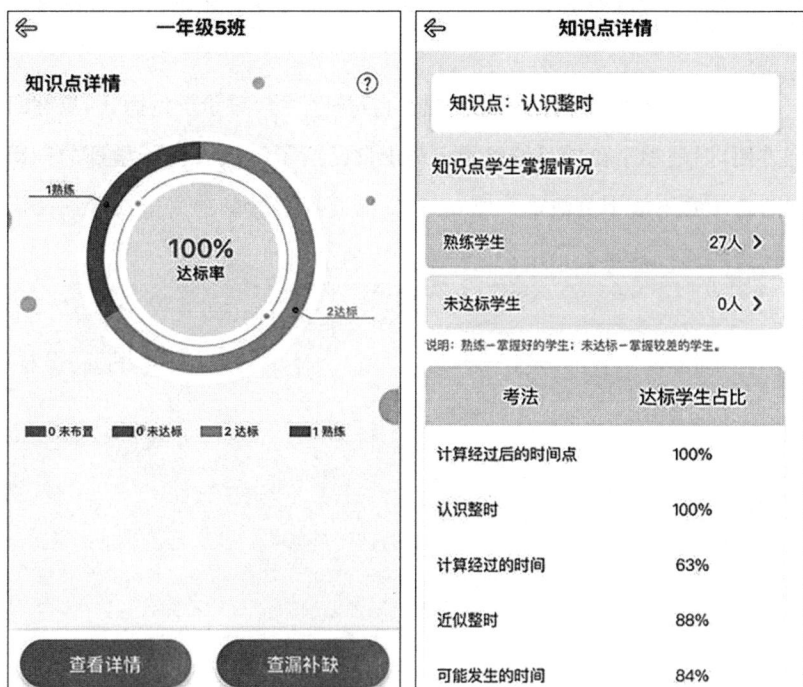

考法	达标学生占比
计算经过后的时间点	100%
认识整时	100%
计算经过的时间	63%
近似整时	88%
可能发生的时间	84%

温馨提示

要实现基于BYOD学习模式的自适应学习,要注意以下几点:

1. **信息平台要有丰富的适应学生个体学习的学习资源**。随着课程教材改革的深入,学生自带学习终端的教学模式,在新课程中所发挥的作用越来越大,学校对信息技术的要求也将越来越高。我校教师自主研发了一批容量大、质量高、有特色的视频微课、课件,构建学校的习题资源库,供各年级、各学科实时共享。

2. **要拥有多样化的学习策略**。这是对教师而言的。教师要会熟练地运用信息终端上的各种功能,并且通过课前设计,根据不同内容选择不同的教学策略，辅助学生的自主学习，从而培养学生形成良好的学习品质。

3. **要有及时、准确的信息反馈**。自适应学习，对于学生而言，虽然简洁方便，但是学生在学习的过程中对于自己所了解或者说所学到的知识是否正确并不能十分清晰地感知，这就需要通过教师的肯定或者通过后台设置的评价体系来给出对于个别学生的个别判定。

（撰稿者：高祝君）

范式 1-6

自主学习： 新技术下教与学的变奏曲

我校是 BYOD 实验校，学生们人手一台学习终端，如何利用好这一有利条件帮助学生掌握在信息化学习平台上学习的经验和方法，促进学生自主学习和个性发展，是我们着力探索的课题目标。我们边实践边摸索 BYOD 学习模式的研究背景下小学信息科技课堂的自主学习，即学生课前以观看微视频的方式自主学习需要掌握的内容，带着一定的基础进入课堂，老师根据课前学生任务单的完成情况，确定课堂教学的内容，把更多的课堂时间留给师生交互。这种学习模式充分体现了学生的主体性，较大程度地拓展了教学的时间和空间。

一、新技术促自主学习

自主学习是一种主动的、建构性的学习过程，在这个过程中，学生首先为自己确定学习目标，然后监视、调节、控制由目标和情境特征引导和约束的认知动机和行为。自主学习是与传统的接受学习相对应的一种现代化学习方式。自主学习是以学生作为学习的主体，通过学生独立地分析、探索、实践、质疑、创造等来实现学习目标。自主学习有以下几个特征：(1)学习者决定学习什么；(2)学习方法为个人自学；(3)学习者选择学习进度；(4)学习者决定何时何地学习；(5)学习者选择学习材料；(6)自我监控；(7)自我测试。

在 BYOD 学习模式的研究背景下，小学信息科技课堂的自主学习使学生真正成为学习的主体，学生可突破空间和时间限制去自主学习，避免出现"吃不饱"和"吃不消"现象。学生在家中自主学习微视频，完成学习单，能够更好地体现学生的自主学习地位。学生带着一定的学习基础到课堂，课堂中师生互动，小组讨论促进学生自主、探究和合作学习能力的提高，对于提升信息技术教学的实效性具有积极的作用。与传统教学模式相比，在 BYOD 学习模式的研究背景下小学信息科技课堂的自主学习中，学生课前观看微视频解决了"不会"到"会"的问题，课堂上学生由"会操作"到"会应用、会解决问题"，由"会一种"到"会多种"。

二、新技术下的教学模式的改变

信息技术课程是一门操作性很强的课程，对学生的动手操作能力要求较高，在理解知识点之后，学生通常需要大量的时间进行实践操练，熟悉操作流程，掌握操作方法。由于现在语、数、英等课程学习的压力较大，学生不可能用课后的时间对信息技术课内容进行巩固练习，有限的课堂时间留给学生自主学习、自主探究的时间十分少，学生学习的时间与空间受到很大的限制。我们把学习前移至课前，让学生通过微视频观看学习内容，并完成"学习任务单"；教师根据"学习任务单"的完成情况了解学生的掌握程度，制订课堂教学计划，实施课堂教学，答疑解惑，引导学生讨论探究、拓展提升。

（一）课堂前的教学设计的变化

1. 微视频的设计制作

微视频是学习的关键，微视频的设计与制作直接关系到学习的起点与成效。微视频的设计应该包含主题引入、阐述解释、知识点的典型案例介绍分析、知识总结、练习五个主要环节，五个环节层层递进，使学生能够完整地完成一个知识点的学习。设计过程中应遵循简洁实用的原则，即屏幕中呈现的信息要突出重点，排除干扰因素，特别是对非实录的微视频要配以适当文本和精炼的同步解说进行提示，做到便于学生观看和理解。在制作微视频时，教师要准确把握教学内容，了解学生情况，判断核心知识内容以及学生学习的重难点在哪里，精准确定教学重难点，使学生的课前学习有成效。

2. 自主学习任务单的设计

自主学习任务单是教师设计的以表单形式呈现的指导学生自主学习的方案。自主学习任务单可以帮助教师分析学生课前对知识的掌握情况，所以自主学习任务单的设计也很重要。教师在设计任务单时，需要考虑让学生自主学习解决哪些问题，可以提供哪些方法帮助学生使自主学习更有效，课堂教学创新设计哪些活动，这些活动如何与在家自主学习相衔接，等等。此外，信息技术学科是实践性很强的学科，需要把问题与操作性任务结合起来考虑。有时候，操作性的任务比例应该大于问题。

（二）推送、发布学习资源

微视频和自主学习任务单设计完成后，教师可以通过 AISCHOOL 平台发布给学生，让学生在家中观看，并完成相关学习任务单，这样较大程度地拓展了教学的时间和空间，能够更好地体现学生的自主学习地位。

（三）分析学情，重组课堂

学生完成微视频的学习后，完成自主学习任务单的填写，教师可以对自主学习任务单的完成情况进行分析，了解和掌握学生课前学习的情况、微视频的学习情况，对学生存在的问题进行统计，列出大部分学生遇到的难题并进行分析。根据这些问题，确定课堂教学的起点和新的知识增长点。

在 BYOD 学习模式的研究背景下，小学信息科技课堂的自主学习的另外一个优势就是课堂灵活机变。教师可以根据学生的课前知识反馈情况，调整课堂教学内容，真正做到"量身定做"。既可以对课前学习中学生掌握不到位的重难点知识进行集中的讲解，也可以在学生掌握学习技能后，启发学生进行深层次的学习与思考。重组后的课堂把传统课堂节约下的时间用在更有效的课堂互动中，使学生在师生互动和小组讨论中提高自主、探究和合作学习的能力，这对于提升信息技术教学的实效性具有积极的作用。

在第一个环节中，教师微视频的制作和自主学习任务单的设计，体现着对课堂教学的把控，也是注重学生自主学习能力的培养的体现，整个操作流程如下图：

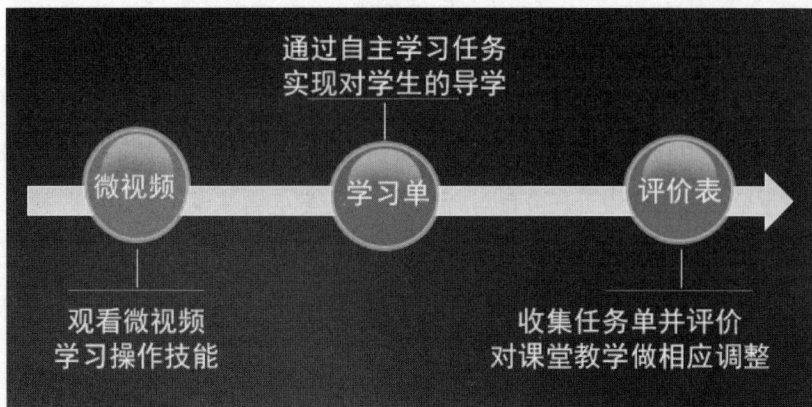

NO.1：在"我在草地安个家"微课程视频中，以下哪个工具没有被使用

A．矩形工具

B．椭圆工具

C．喷枪工具

D．用颜色填充工具

NO.2：在视频中，画椭圆屋顶上的立柱时，我们应该

A．随便画

B．在画的同时不断考虑图形的长短是否正好一样

C．在画的时候直接画长一些和屋顶相交，然后用橡皮擦去多余的线条

NO.3：在使用橡皮工具的时候，我们应该

A．配合放大镜工具小心擦除

B．不使用放大镜工具，直接擦除

C．擦出漏洞了也不撤消，留着漏洞

NO.4:在自己练习的过程中，你画什么图形有困难

三、新技术下自主学习新模式

《我在草地安个家》是华东师范大学出版社《信息科技教材》第一册第 9 课,本课是第一册中"制作贺卡"项目的很重要的一课。课上通过对图形类工具的教学和使用,要求学生学会并画出贺卡中主体的一个图形——房子;并且配合前一阶段画图工具的学

习,要求学生画出一幅完整的作品。

(一) 课堂前的教学设计

1. 微视频的设计制作

本节课的知识技能的学习是画图软件中工具的使用,这对于学生来说,是对作品的完整性和美观性,以及学生想象力和创造力的考验。课前对本节课的教学内容进行梳理之后,让学生在家中学习基本的知识技能,然后在课堂中着重培养学生的想象力和创造力。即把"画图软件中工具的使用"作为重难点,制作了课前微视频,供学生自学使用。

当前范围参与该问卷调查的人数为: [35]

问题1: 在"我在草地安个家"微课程视频中,以下哪个工具没有被使用

问题选项	信息
A. 矩形工具	A [0/35] (0%)
B. 椭圆工具	B [0/35] (0%)
C. 喷枪工具	C [33/35] (94.280%)
D. 用颜色填充工具	D [2/35] (5.714%)

问题2: 在视频中,画椭圆屋顶上的立柱时,我们应该

问题选项	信息
A. 随便画	A [2/35] (5.714%)
B. 在画的同时不断考虑图形的长短 是否正好一样	B [1/35] (2.875%)
C. 在画的时候直接画长一些和屋顶 相交,然后用橡皮擦去多余的线条	C [32/35] (91.42%)

NO.3: 在使用橡皮工具的时候,我们应该

问题选项	信息
A. 配合放大镜工具小心擦除	A [35/35] (100%)
B. 不使用放大镜工具,直接擦除	B[0/35] (0%)
C. 擦出漏洞了也不撤消,留着漏洞	C[0/35] (0%)

NO.4:在自己练习的过程中,你画什么图形有困难

[SID: 3301] 多边形
[SID: 3339] 我觉得最难的地方是"多边形"
[SID: 3379] 画椭圆时较难控制,有时太大有时太小
[SID: 3386] 无
[SID: 3410] 在画椭圆工具时有点困难
[SID: 3436] 没有!
[SID: 3445] 多边形
[SID: 3468] 没有困难

2. 自主学习任务单的设计

本节课的主要任务是画图工具的学习,教师在微视频中对画图工具的使用进行了详细的讲解。为了验证学生对这一知识点的掌握情况,结合本节课的核心知识内容设计了自主学习任务单。尤其是第4题:在自己练习的过程中,你画什么图形有困难?这是一个开放的问题,就是希望发现学生学习中的困难之处,在后续的课堂教学中加以讨论和学习。

(二) 推送、发布学习资源

通过 AISCHOOL 平台将制作的微视频在课前发布给学生,让学生在家中观看,并完成相关学习任务单。对重点难点的地方,学生可以重播仔细查看。

(三) 分析学情,重组课堂

教师及时整理和统计学生自主学习任务单的完成情况,在对学生自主学习的情况

进行分析时发现，学生对画图软件中工具的使用掌握得很好，于是课堂的教学重心就不必花在基本技能的学习方面了。同时在分析中还发现，学生的创作能力和想象能力比较欠缺，课堂所完成的作品都比较单一，作品跟视频中教师的范例相似度很高，所以根据这一情况，把课堂教学的重点放在了想象力与创新力的培养上。

通过这样的调整，在实际教学中，教师向学生展现了许多优秀的作品，开拓了学生的创作思路，再引导学生小组讨论未来的房子会是怎样的，在互动中打开了学生的创作思维，最后课堂的作品也呈现出他们的想象力和创造力在重建的课堂一步一步推进中得到了很好的发挥。

温馨提示

1. 在 BYOD 学习模式的研究背景下，小学信息科技课堂的自主学习最重要的环节是课前微视频与学习任务单的设计，这不仅考验教师对教学重难点的把握，更考验教师对学生学习情况的把握。只有根据学情合适地设计，才能保证实施的效果。

2. BYOD 学习模式的研究背景下小学信息科技课堂的自主学习，改变了以往家长在学生学习过程中的被动角色，需要家长参与到学习中来。当学生在家里通过视频进行学习时，家长的监督作用变得显著，家长能够清晰地看到学生的学习情况，并配合教师采取一定的干预措施，这有利于形成"学生——家长——教师"三者之间的互动，从而有效地促进学生的学习。

（撰稿者：严均钰）

第二章 丰富：生命存在的饱满感

     丰富是一种生命存在的姿态，它可以是资源性质的，也可以是情感性质的。它可以是"生存资源"或是"生活资源"，亦可以是纤柔、敏感的女子，饱含深情又柔肠粉泪，还可以是韬光养晦的智者，知世不故、韫匮藏珠。如今，互联网的开启改变了全球人们的工作模式、社交模式、购物模式，丰富又呈现出了另一种新姿态——丰富的数字教学姿态。"丰富"这一主题词变得更加丰盈、诱人、博大、深邃。因为多元而"丰富"，因为积累而"丰富"，因为丰富而"丰富"。

     辩论学习：让学习灵动起来

     创境学习：让语言在体验中灵动

     具身学习：深度学习的取向与策略

     研讨学习：在分享中实现个性化学习收获

丰富是一种生命存在的姿态，它可以是资源性质的，也可以是情感性质的。在资源性质中，它可以是"生存资源"或是"生活资源"。前者是生命与"生存资源"的博弈，后者是生活与"生存资源"的交融。在情感性质上，它与"热闹"不同。"丰富"犹如纤柔、敏感的女子，饱含深情又柔肠粉泪；又如韬光养晦的智者，知世不故、韫匵藏珠。它是一条潺潺的溪流，沿途邂逅各色风景，入于眼中、惊于奇中、觅于心中，尽于不言之中。《圣经》中耶稣创造了人类，神奇而又玄妙；艺术家画中的女子，神秘而又诱人。这便是"丰富"独有的魅力。

如今，互联网的开启改变了全球人们的工作模式、社交模式、购物模式，丰富又呈现出了另一种新姿态——丰富的数字教学姿态。那既然如此，"丰富"又是如何进行角色扮演的呢？

基于 BYOD 的教学变革是一种"丰富"的教学形态，包含了"辩论学习"、"创境学习"、"具身学习"和"研讨学习"。

辩论学习，这种新型的教学模式是指学生围绕某一个有争议的知识点，揭露谬误，探求真理，最后达成一致的意见，让师生在互动关系网上形成多边互动格局的学习形态。它能更好地激发学生学习的潜能，促使教师和学生之间更深入地沟通。

创境学习，它体现了一种体验式的教学理念，让学生能够真正养成使用英语语言的思维习惯。

具身学习，它强调认知和学习，以身体及其感觉运动系统的活动方式为视角来研究学生学习过程。

研讨学习，它以"讨论法＋研究法"有机结合为发挥学生主体作用的前提，激发学生自主学习的动力,拓展学生交流的渠道。

"丰富",通过案例再现的方式,从语文、数学、英语、美术等不同学科中进行分析和探究,运用多维视角探索教材和信息技术的有机融合。在 BYOD 学习模式背景下,"丰富"主题词中教师教育教学形态的转变,学生学习方式的多元可能性,师生、生生、亲子学习理念的正向变革,形成"丰富"的视角、"丰富"的理念,最终让学生的"学"和教师的"教"变得更有趣、更诱人。

只有这样,"丰富"这一主题词才会变得更加丰盈、诱人、博大、深邃,它满足了求知者对于知识汲取的渴望,改变了求知者学习模式的单一化,激发了求知者资源获取的多渠道。因为多元而"丰富",因为积累而"丰富",因为丰富而"丰富"。

◉ 范式 2-1 ─────────────────────────

辩论学习：让学习灵动起来

现在多数数学教师在课堂教学中注意提高学生的计算能力和应用题、几何图形的解题能力，但是在平时的课堂教学中存在的问题是教师讲得过多，越到高年级，学生说话的机会越少，到了高年级，只能是教师"满堂灌"了。课堂里，教师讲，学生听，把课堂教学的"双边活动"变成了"单向活动"。

在 BYOD 学习模式的研究背景下，我校学生能够带终端到课堂，在课堂上利用平台的互动功能，充分参与到课堂的每一个环节中，根据自己所掌握的知识，发表自己的观点和想法，进而通过激烈的辩论进一步阐明自己的观点。这样的教学能把持有不同意见的学生引入思考，让学生自己去分辨、去取舍，保留对自己有用的知识。久而久之，学生学习能力与思辨能力会得到一定的提升。

一、辩论学习，让学习活起来

"辩论学习"就是在课堂教学过程中，学生围绕某一个有争议的知识点，根据自身所持的立场和观点展开争论的过程，目的是揭露谬误，探求真理，最后达成一致的意见。

（一）化被动学习为主动学习

把课堂教学过程建立在多边互动基础上，力求体现以下特点：①学习的主动性。学生不是被动、机械地接受知识，而是主动、积极地去获取知识。②认知的深刻性。学生通过观察、阅读、感悟了解客观事物之间的逻辑联系。③交流的多维性。教学信息的输出与反馈，不仅在教师与学生之间进行，而且在学生与学生之间进行，形成多维交流、合作、碰撞的态势，建立多层次、立体式信息传递网络。

（二）课堂是学生的舞台

"辩论学习"可在活动关系网上形成师生之间、生生之间的多边互动格局，促进个体与个体、个体与群体、群体与群体之间的和谐、协调发展。通过辩论学习，引发师生教与学行为的根本转变，以促进学生学习能力的提高、合作能力的提高。学生从课堂中的学习者成为课堂的主角，从而提高教学效率，促进学校教学和学生的可持续发展。

二、辩论让教与学互动起来

在 BYOD 学习模式的研究背景下，在教学的实践教学中，通过课前自学的预辩，再到课中面对面的互辩，让学生对自己所学知识的掌握情况进行阐述，从而进一步培养学生的数学语言表达能力和数学思维能力。

（一）课前预习，自学预辩

二年级学生已经具备了一定的自学能力，学生通过"课前导学单"的引导，根据老师推送的微课，结合课本进行课前预习。教师利用平台，通过"主题研讨"的方式，让学生在平台上发表自己的观点，进行预辩。教师可以通过平台上学生预辩的情况，分析学情，调整课堂教学。

（二）课中互辩，掌握知识

在课堂中，教师可以根据教学的重点和难点，把预辩中出现的问题进行展示，把预辩延伸到课堂中，让学生之间相互讨论、答疑，进而解决问题和困惑。教师将教学的重点、难点部分提出，通过平台作为辩题。学生为了能够清晰、准确地表达自己的观点，陈述自己的见解，必须要认真听课、认真理解。同时通过辩论，使学生的思维总是处在积极活跃的状态。

（三）互相辩论，思维碰撞

在学生已经掌握所学知识的时候，通过 AISCHOOL 平台上的"投票"、"选择"等方式的推送，让每个学生自我思考，通过平台投出自己的观点，这样可以让每个学生都能积极参与其中。然后让学生阐述自己的观点，并思考、判断他人的问题。这是一个思维相互碰撞的过程，也是对知识的理解、分析的过程，是学生相互辩论、进一步提升的过程。这样的教学既可以提高课堂教学效果，也能够让学生充分参与到课堂中，提高了学生学习数学的兴趣，而且这种积极的思维活动会提高学生思维的质量。

（四）课后再辩，分享评价

在课前预辩和课堂互辩学习之后，学生会在课后进行巩固、拓展和提升。可以让学生在小组内进一步探讨课堂上所学的知识，发表自己的见解，同时在"主题研讨"中，根据教师提出的问题再次辩论。因为有了课堂学习的基础，所以在课后的辩论学习过程中，对于认同的观点可以点"赞"，不赞同的可以发表自己不同的观点。

三、辩一辩，思维的交流与碰撞

从课前自学预辩，到课堂上的互辩，再到课后的再辩，利用 BYOD 的平台，学生把所学的知识一步步内化成自己的东西。同时，学生也能增强自信心，化被动学习为主动学习，有效提高教学效果。

例如《列表枚举》的教学设计片段就是这样的：

（一）课前预习，自学预辩

课前导学：

1. 想一想如何来"探究鸭数和羊数的可能"，带着这个问题预习教材第 71 页，并观看微视频《列表枚举》。

2. 研讨交流：

（1）根据你的预习，你有什么问题需要询问同学们的，请提出。

（2）根据你自己的学习，你能用什么方法解答下面的题目："如果告诉你有 14 条腿，你能知道有几只兔子、几只鸡吗？"

请相互讨论一下：你觉得你的同学用的这个解决问题的方法可行吗？为什么？

（二）课中互辩，掌握知识

1. 情境引入：

师：动物园里，一群小羊和小鸭在美丽的草地上东奔西跑，影响了游人的休息和玩耍,为了保护环境,园方规定:对羊和鸭进行圈养。

同学们,鸭和羊大家熟悉吗? 谁能用数学语言描述一下它们各自的特点?

生:羊有一个头四条腿,鸭有一个头两条腿。

2. **探究新知:**

(1)现在把羊和鸭关在一起,共有 22 条腿,有可能是几只羊和几只鸭?(根据预习的情况,在线上完成)

(2)阐述自己的观点

教师根据学生上传的结果,有针对性地挑选四份答案进行四分屏展示,请学生根据所展示的结果发表自己的观点,进行相互辩论。

(3)小结:像这样通过表格把所有的情况罗列出来的方法,就是我们今天学习的"列表枚举"法(揭示课题)。

(4)这儿有两位同学都用了列表枚举法在表格中把所有的情况都罗列出来,但是为什么他们两个画的表格有点不同? 哪个表格更好呢?

学生相互之间发表自己的观点,进行辩论,最终得出结论:列表枚举法能帮助我们有序地找到全部的可能性。列表时,先从腿数多的进行考虑,可以使计算的次数减少。同时我们可以按从小到大的顺序依次尝试,也可以按从大到小的顺序依次尝试。

(三)互相辩论,思维碰撞

巩固提高:

羊和鸭共有 22 条腿,8 个头。有几只羊和几只鸭呢? 有几种可能?

选择:A. 没有可能

B. 有 1 种可能

C. 有 3 种可能

D. 有 5 种可能

学生通过"投票"选出自己的观点,系统呈现出学生的投票结果,学生根据自己投票的结果来阐述自己的观点。

小结:对于有限定条件的时候,一定要注意不是每一种情况都是可以的。

（四）课后再辩，分享评价

1. 我们在课上学习了"列表枚举"法，同学们都知道通过列表的方式可以解决问题，而且有些同学已经能够非常自信地发表自己的观点，阐述自己的想法。我们课后在 Pad 上继续吧！

2. 发布"分组研讨"。

内容：（1）卡车有 6 个轮子，停车场里轿车和卡车共有 9 辆 40 个轮子，那轿车和卡车各有几辆？（2）对于今天的学习内容你还有什么疑惑或问题，可以课后提出，我们一起研讨哦！

3. 相互评论、解答。

温馨提示

在 BYOD 学习模式的研究背景下，利用平台可以使用辩论学习有效地展开教学，充分调动学生学习的主动性，但是需要注意以下几个方面：

1. **教师课前思考，做好课堂互辩预测**。在课中辩论学习的开展过程中，教师是把更多的时间放手给学生，但是教师需要在课前预设辩论的情况，便于在课中能够及时地进行指导。进行辩论的同时，教师要学会把握整个课堂教学的时间。

2. **针对性练习设计的有效性**。教师可以利用终端及时有效地推送练习，但是一定要把握好每节课知识点的重点和难点，练习的设置还须根据学生的实际水平、年龄和心理特点，注意难易的层次性，让每个学生都能主动参与，充分发挥其思维能力与创造能力，让每个学生根据自己的水平在不同的层面上找到思维的乐趣。

（撰稿者：庄　蕾）

范式 2-2

创境学习： 让语言在体验中灵动

著名学者 Nuemor 说过："语言学习不是砌墙，而是在花园里种花。语言学习的过程就相当于在花园种植的过程，学习者在一定的语境中接触、体验、学习和使用语言。"小学英语的课堂内往往需要孩子们有更好的情境体验才能将所学内容运用到实践，只有这样孩子才会开口说英语。

BYOD 模式可以让每个孩子通过电子设备接收任务，在丰富多样的有趣的真实情景中深度学习，师生互动，生生互动，帮助学生始终处于兴奋、活跃的状态，促使他们掌握英语知识和技能。基于 BYOD 的"创境学习"可以更好地激发小学生英语学习的潜能，促使教师和学生之间更深入地沟通，体现了一种体验式的教学理念，让学生能够真正养成使用英语语言的思维习惯。

一、创境，体验丰富的语言

"创境学习"是指在要学习的知识、技能的应用情境中进行学习的方式。也就是说，你要学习的东西将实际应用在什么情境中，那么你就应该在什么样的情境中学习这些东西。"在哪里用，就在哪里学。""创境学习"的优势体现在以下三个方面：

（一）提供优质的学习支持服务

运用网络和多媒体技术创设的情境环境，给学习者提供自由探讨和自主学习的新环境,学生在此环境中可以利用各种工具和信息资源来达到自己的学习目标。这种环境给学生提供的不是单一环境,还有语言环境、现实语境以及虚拟真实情境等,学生可以随意使用。同时,围绕学生设计的自主学习活动,营造了崭新的英语学习情境,可以充分发挥学生在网络环境下学习英语的自觉性、自主性和创造性。

(二) 方便师生在自主英语学习环境中交互

学生在网络自主英语学习环境中,有学习的自主权、选择权。教师、教材和网络媒体对学生的自主学习起着不同的作用。教师的主要任务是在转化创设情境环境、提供网络教学资源、构建学生的知识意义建构的过程中起组织、指导、帮助和促进的作用。通过 BYOD 提供的数字化平台,教师精心设计个性化学习情境,帮助学生自主学习,进行个别化或协作式探索,巩固知识和会话交流,力求方便学生的学习和师生的交互,使得学生的各种合理请求都能得到及时的响应。

(三) 监控应用语言进行交际的能力

BYOD 有强大的资源系统,可以督促学习者按计划、按要求完成学习任务,从而在一定程度上保证学习质量。质量监控可设计两种评价方式:一种是形成性评价,主要对学习者的学习过程各环节进行质量监控;另一种是终结性考试,主要全面测试学生英语综合应用能力。无论以何种形式进行质量评价,都要充分评价学生实际应用语言进行交际的能力,尤其是口头和书面表达能力。

总之,运用 BYOD 的创境学习,可以使学生获取更丰富优质的资源,体验更真实、有创意的情境,可以帮助学生自主学习、合作深入学习,并且,创境学习实时伴有质量监控,可以采用多维度评价要素检测学生运用语言的能力。

二、用资源丰富教与学

"创境学习"运用于课堂,每一个教学环节都脱离不了整个情境,通过情境创设不同的教学活动。根据案例,具体在课堂中采取了以下五项操作流程:

(一) 以收集学习成果为基础,建立工作新机制

BYOD 的普遍应用,使得学习场所不再固定,学生可以借助自带设备进行全时空的学习,学习活动的发生更加自然和频繁,学生可以借助自带设备随时随地与学习内容、学习伙伴、老师进行连接,还可以与公共学习资源连接,实现基于情境的学习。这样的学习模式要求教师必须通过多元的方式去收集学生的学习成果,巩固之前的学习经验,拓展进一步的改革方向。

(二)以推送学习资源为核心,明确发展新方向

在选择设计小学英语情境时,既要结合 BYOD 模式,又要充分考虑学生自身的年龄特点,这样才能让创境学习的优势真正发挥出来。在选材上,可以考虑一些比较贴近生活、学生感兴趣的情境。教师应该结合学生的这些兴趣爱好来拟定适合学生的学习方案和学习任务,同时也可以利用 BYOD 的资源库提前收集学生的学习成果,以加深学生学习英语的体验。

(三)以采集数据反馈为举措,拓展提高新途径

在开展创境学习的过程中,一定要利用好 BYOD 制定合理的教学评价策略,这样才能保证创境学习的效果。BYOD 的优势在于师生之间、生生之间有更好的互动,学生的答题情况和作品上传都能很快地反馈出来,老师也可以及时作出评价和反馈。相比传统的教学方式,BYOD 的出现既是时代发展的印证,更是教育学习电子化、网络化的一次飞跃。我们要利用好这次时代变革,及时采集数据,集中问题总结,集合教学反馈,让学生在传统和创新的教学变革中尽快找到适合自己的学习新途径。

(四)以攻克教学难点为突破,探索试点新路子

学生在创境学习模式中更加有积极性和创造性,学生能够通过自主学习获得自我提升,加深对知识的印象,提升教学的效果。对于小学英语教学而言,可以让学生积极参与互动,培养自己在口语交际、英语文章阅读、人际交往能力等方面的能力。学生们可以通过 BYOD 平台自助或互助,通过大数据借鉴和运用,突破传统教学模式,为自己打造一条适合自己的多样性学习渠道。

(五)以延续课堂内容为保障,架起师生桥梁

授课时,教师可以多观察学生的言行举止,努力提升学生实际运用所学语言的能力。同时,为了和普通的教学方式相区别,创境学习的评价应在开放、宽松的氛围下进行,要以更加灵活的手段鼓励学生参与进来,并让老师之间、同学之间也能相互评价。

通过这种方式，可以进一步推动评价主体的多元化，让课堂更加生动。BYOD 平台的成立也加深了师生、生生课后的学习与交流，八小时以外的学习既解决了学生"牛角尖"式的自我瓶颈，又可以通过"他山之石"来拓展自己的学习思路。BYOD 的成立不仅架起了师生之间的桥梁，更是整个教育学习的集中体现，它带动学生团体中的"短板"，让学生从"要我学"转化为"我要学"。

BYOD 可以收集学生的录音、作业等资源，教师可以及时给予反馈，实现个性化学习，同时教师创设情境，发布任务，学生可以在合作中深度学习，培养人际交往能力。课后学生可以查看老师的评价，促进师生关系，提高学生的学习主动性。

三、巧用创境激发兴趣

本文将以沪教牛津版《小学英语》4B Module3 Unit3 Days of the week 的语篇教学为例，探讨如何利用好 BYOD，让教育实现创新，创设情境，丰富教学课堂，提高工作效率，激发学生的学习兴趣，帮助学生构建正确的阅读与理解思维，从而真正实现阅读能力的提高。

（一）采集学生学习成果，形成资源库

教师用图片的形式展现 Peter 学习日的一些活动，老师先做示范："As we all know, Peter has busy but happy weekdays. Do you remember? Peter likes reading. He sometimes reads books in the school library on Monday afternoon."

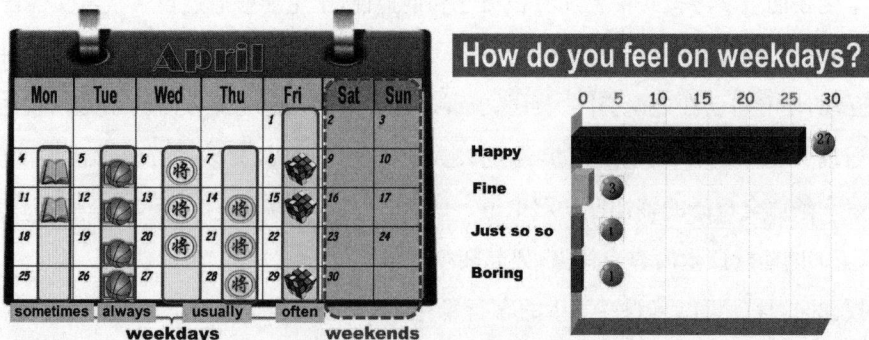

要求学生边看图边复习上一课时的内容，对重难点频度词加深了印象，又通过上

节课课后的 BYOD 投票功能"How do you feel on weekdays? And why? "以直观的数据显示了学生们对周末生活的感受。老师还让学生谈谈原因,学生根据个人已有的认知经验纷纷发表看法并上传录制至 AISCHOOL 平台,形成资源库。

有的说:"I like playing football. I can play it very well. I usually play football on Friday afternoon. I'm busy but happy. "有的说:"I like dancing. I often dance on Monday and Friday afternoons. I'm so happy!"还有的说:"From Monday to Friday, I usually play badminton after school. It can make me healthy. I'm busy but happy. "这样的 BYOD 式课前预习保证师生间进行充分的信息交流,实现语言的交际功能,而且还能减少他们的畏难情绪,同时也能唤起他们对即将学习的语言材料的探究欲望,唤醒关于运动类、活动类的词汇旧知,提高学习的生产率,减轻学生的负担。教师在倾听学生回答的过程中,也能了解学生已有的知识结构、学习兴趣和情感态度,为新旧知识的转换作了铺垫和过渡。大数据在有效教学中最重要的价值是发现学生,在改进目前教学效果方面也很有价值,可以减少无效的重复操练,激活思维。

(二) 推送学习资源,让学生自主学习

在整体感知语篇后,要求学生对已学过的知识进行解释和阐述。对于四年级的小学生来说,他们还不具备概括文章主要内容的能力,也没有整体把握语篇的意识。因此,教师提出与语篇背景和语篇主线有关的问题,能使学生的注意力集中在对语篇细节信息的学习上。教师顺势提问:"What do they like? What do they do? What do they say?"

教师利用 BYOD 截屏推送,每个学生收到图片后根据录音在 Pad 上直接配对连线,大部分学生都可以在听第二遍文本时完成任务,提炼出语篇的大概框架。学生点击提交,教师可以识别出学生在学习过程中的潜在问题,在学生遇到问题时适时给予帮助,使学生更容易获得成功,有利于提高学生的学习质量,促进有效教学,推动学生快速发展。此外,大数据技术可以更加精确地记录学生的学习行为,准确记录每位学生使用学习资源的过程细节,使教师更准确地追踪学生的学习轨迹和学习时长,从而给予学生实时的、可操作的反馈。

接着,由于教材中内容情境单一,所以我创设了 Peter 丰富的周末生活的情境,结合小朋友的实际生活再构了文本。因为教材中没有相关文本，所以我设计了一本电子书并配有录音，学生可以在课后翻阅复习。在课中我让孩子们把电子书下载下来，让学生戴着耳机跟读，有些朗读基础好的同学可以反复读几遍，有些基础薄弱的同学可以多听几遍录音再试着跟读，实现了个性化的学习。

基于传统纸媒阅读与学习理念的人，大多认为儿童应该拒绝电视和网络。他们用自己的思维来思考数字原住民的教育，普遍认为纸质阅读才是真正的阅读。但伴随着纸媒与电子媒体成长的数字时代儿童的观点却截然不同，他们完全接纳和喜欢电子阅读，认为电子书"成本低，节省纸张，非常环保，又便于携带"，"互动性强，便于随时随地下载，可以根据个人喜好改变字体的大小和颜色"等。

（三）收集数据，给予学生积极的反馈

在处理第二段文本时，老师通过 BYOD 推送一份练习，学生边听录边完成选择题并梳理文本信息，随后让学生说说"Why does Peter's father feel happy at weekends?"学生在课堂上的参与度增加了。学生提交好练习，大屏幕右侧就会显示答题的情况，使教师更准确地追踪学生的学习轨迹和学习时长，从而给予学生实时的、可操作的反馈。

（四）直观展示教学难点，技术提高兴趣

本节课的教学目标是学习五个频度单词及一周七天的表达，以及含有频度词 usually/often/sometimes/always/never 的句型，本课的难点是几个频度词抽象意义的区分。本课利用 BYOD 推送 PPT 的功能，以拖图片到表格这种较为直观的形式让学生去理解几个频度词，这样可以引导学生更深入地理解和使用每个频度词，同时学生们可以将小方块拖入到白框中，增加了他们的兴趣，帮助学生自主学习，提高学习积极性。学生可以根据拖动好的图片，思考列出的

运用性问题"Where do your family often go? What do you do there? How often? (always, usually, often, sometimes, never) How do you feel?"组织语言介绍周末丰富多彩的活动。这些问题没有现成的答案,学生必须结合个人的知识与生活经验以及语篇中所提供的信息进行表述,才能完成周末活动的介绍。为了保障表达的效果,提高学生语篇输出的完整性,教师组织学生先在组内练习交流,然后再在全班汇报交流。在生生、师生交流的过程中,学生的思路拓宽,积极地表述双休日丰富多彩的活动。如:

At weekends, my family often go to the park. My mother likes flowers. She usually smells the flowers. My father likes fishing. Sometimes he goes fishing. I like reading. I often read books on the lawn. It's so happy to be with my family. We love our happy weekends.

At weekends, my family often go to the Music Club. My mother likes singing. She usually sings English songs. My father likes taking photos. Sometimes he takes photos of Mom. Sometimes he takes photos of me. I often shout "Bravo!". I'm so happy to be with my family. We love our happy weekends.

此时,学生所表达的内容已经远远超越了本课语篇的内容,在大量真实的语篇材料的输入和老师的适当指导下,学生将所得知识内化为自己的知识,并将新知识纳入自己在语篇习得中已获得的知识系统中,构建了更广的知识网络。学生在大量的输入和输出的积累之下,语言运用能力得以提高,语感也会随之形成和优化。

(五)将课堂内容延续课后,学生互评交流

课后我布置了录音上传互评和写作拍照上传的作业,这样很好地监控了学生完成作业的情况,教师可以非常快速地采集学生的作业,互评也可以提高学生们的积极性,减轻了教师的压力。

在本节课中充分运用创境学习,教师创设小主人公双休日去公园的情境,带学生从中感受和体验愉快的双休日生活,呼吁学生合理安排自己的双休日。同时在这种愉快的课堂氛围当中,学生通过完成老师布置的 BYOD 任务,在学习新授知识中体验快乐双休日,激发学生的语言交际能力。

温馨提示

依托 BYOD 项目和数字化校园环境，学生能借助 AISCHOOL 平台做到创境学习，获得更多个性化学习资源和成长空间，但在上述实践操作的步骤中还须注意：

电子书包在教学中可将声音、图像、动画集成一体，能充分调动学生的多种感官来获取相关信息，创设情境，提高课堂效益。然而，一些教师在利用电子书包授课时，会无原则地增大教学密度，令学生应接不暇。如果忽视学生的认知规律，一堂课安排的内容太多，进度太快，信息切换过于频繁，信息呈现过于花哨，学生就很难集中注意力。

（撰稿者：汤海湄）

范式 2–3

具身学习： 深度学习的取向与策略

在小学低年级美术课堂教学中，画人物是最难上的课，特别是画有动态、有表情的人物，我们常常会碰到这样的情景：课堂中要学习、要表现的人物，学生会直接迫不及待地喊"老师，这个我学过"，"老师，我会画"，学生这样的反应不仅打乱了教学秩序，也给我们造成了困惑：孩子们会画，能画到什么程度呢？ 我们要如何根据孩子们现有的绘画表现能力来调整我们的课堂教学策略呢？

通过以往的教学我们发现，孩子们所谓的"会画"也许能大概地表现出事物形象，但也可能只是停留在对事物的形象记忆中，当他们真正拿起画笔描绘的时候，由于记忆的模糊以及形象概括能力较弱，实际上并不能很好地表现出事物。低年级学生还没有达到刻画生动的人物形态这样的认知水平，需要我们在课堂中引导孩子学会观察，发现人物的不同表情，并尝试着用线条和颜色刻画人物。

课堂中我们既要保护好孩子们踊跃想要表现"会画"的积极性，又要充分了解孩子们的现有绘画能力，根据学生现有的认知水平调整课堂教学策略，利用 BYOD 模式下有效的课堂教学策略，使我们的教学更贴切、更随机、更有效。

随着具身认知越来越受到教育研究者的关注，具身学习成为改善学生学习的一种新的学习方式。

一、具身，身体力行的学习

认知是包括大脑在内的身体的认知。具身学习，是强调认知和学习以身体及其感觉运动系统为主体的新型学习方式。具身学习通过身体及其感觉运动系统的活动方式为视角来研究学生的学习过程。

认知是具身的，其含义可以从三个方面加以理解：第一，认知过程进行的方式和步骤实际上是被身体的物理属性所决定的。第二，认知的内容也是身体提供的。人们对身体的主观感受和身体在活动中的体验为语言和思想部分地提供了基础内容。第三，认知是具身的，而身体又是嵌入环境的。认知、身体和环境组成一个动态的统一体。许多思想家的理论观点都强调了身体活动（感知运动）的内化对思维和认知过程的作用，给具身学习提供了启示。具身学习的意义在于：

1. 利用具身性体验进行小学美术课学习，可以显著提高学生的形象概括和表现能力，特别是画人物的动态。

2. 具身学习在小学美术课堂中的应用，能够激发学生的美术学习兴趣，也有助于学生形成积极向上的学习态度、饱满的学习热情。

3. 进行小学美术学习的具身性实践，特别是在 BYOD 模式下，学生利用学习终端开展或记录具身体验，遵循儿童形象认知发展的特点，从学生的身体感知、身体体验和身体参与出发，能激发学生的形象直观感受性和体验性，改变了传统课堂漠视学生的身体体验的状况，对于提高学生的美术学习兴趣、形象概括能力和表现能力有着显著的影响。

二、在体验中感知学习

小学低年级儿童的学习具有明显的具身性特点，他们活泼好动，善于模仿，喜欢表演，他们的思维具有直观、具身性的特点。具身学习，是通过情景创设、想象发挥、直观感受等活动，使学生对原来记忆中的形象产生新的认知，从而提高学生的绘画表现能力,同时也满足了学生不同的个性特征和学习需求。

(一)媒体欣赏,具身记忆

新授前,为了让孩子们加深对事物的印象,课堂中运用多媒体展示的方式,用贴切的视频、图片资料让学生直观感受事物的形态,不但唤起了孩子们的认知记忆,而且开阔了眼界。

(二)课堂互动,具身发现

利用学生手中的 Pad,在课堂中开展互动活动,如:讨论课前预习、拍照、屏幕投影等。通过这些活动,直观感受以前没注意或忽视的地方,利用有效互动,发现问题,调整教学策略,通过新授提高学生对物体形象的认知水平。

(三)实践操作,具身体验

为了加深学生的认知水平,教师通过布置小练习,让学生在 Pad 上画出指定的物体形象。通过之前的教师引导、作品欣赏等环节,这时孩子们已初步掌握知识点,提交上来的物体形象能很好地体现出孩子们现有的绘画认知水平。

(四)创设情境,具身想象

利用现代教育手段,通过音频、视频手段创设情境,让学生在身临其境中,引发对物体的想象,孩子们在放松的状态下更便于想象力的发挥,教师利用孩子们的想象力,不断补充物体形象,以达到解决绘画重难点的目的。

三、以"具身学习"为特征的美术课堂活动

上述操作方法从"媒体欣赏,具身记忆"入手,通过"具身发现"、"具身体验"等活动让学生身体力行地参与到教学互动中,接着采用"具身想象"模式,激发学生主动学习的积极性,从而不断提升自己的绘画表现能力。

例如《拉拉队》的教学设计片段就是这样的:

(一)媒体欣赏,具身记忆

(课堂导入:播放由各组拉拉队照片串成的视频,并提出问题。)

师:小朋友们,里面的人在干什么?

生 1：看比赛。

生 2：喊加油。

师：你们从哪些地方看出来的呢？

生 1：他们手中拿着国旗、彩球、加油的牌子。

生 2：他们脸上画着国旗。

生 3：他们都用手当喇叭在喊加油。

……

师：小朋友们观察得真仔细，这些喊加油的人我们称他们为拉拉队。有了拉拉队的呐喊助威，比赛场上的运动员会精神百倍，信心十足。

（揭示课题：《拉拉队》）

通过对视频的欣赏，学生对拉拉队员的动态有了初步的直观认识，此时我们发现孩子们的注意力都放在人物的服饰、动作上，并没有落实到人物的表情。

（二）课堂互动，具身发现

师：让我们也来一场"扳手腕"的比赛吧。

（组织一组学生进行"扳手腕"比赛，安排 4 名学生进行现场拍照，其余学生分组做拉拉队员。5 分钟后结束比赛。）

师：刚才虽然只是一场普通的"扳手腕"游戏，但是有了我们全班同学的呐喊助威，两名运动员使出了全身的力气，比赛更加激烈了。

师：现在我们一起来看看小朋友们做拉拉队员时的画面吧。

（屏幕投影 Pad 中拍摄的同学们的照片。）

师：看到照片中的自己是不是特别激动啊？

（定格一位学生的脸部。）

师：说说他的表情发生了什么变化。

生：很紧张，眉毛皱在一起，嘴巴张得很大，在大声喊加油。

师：再看看其他同学的表情。

（随着照片的翻看，学生们从激动、高兴、失望的神情中发现了眼睛、眉毛、嘴巴等五官都产生了变化。）

在这一环节中,使用 AISCHOOL 教学中心现场屏幕投影的效果真实而又直观地展示学生助威的表情,增强了学生观察的积极性、主动性。学生们在愉悦的欣赏中,通过对身边同伴的表情变化,直观感受了拉拉队员们张大嘴巴喊、胜利高兴、失望伤心时的表情及五官的变化。同时也发现除了脸部,身体的其他部位也会有不同的动作。

(三) 实践操作,具身体验

教师示范画一个拉拉队员,抓住表情特征,画出动态,添加一点小道具。

组织学生进行尝试,推送添画小练习:给这几个拉拉队员添画表情。

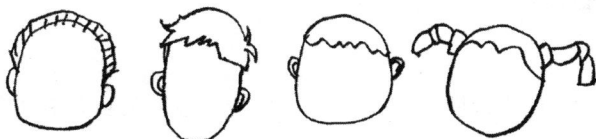

学生在 Pad 上进行添画。

屏幕展示学生提交的添画小练习,组织欣赏评价。

在 AISCHOOL 教学中心添画小练习的推送活动中,没有五官的头部图片,给了学生更多的创作空间。在给四个头部造型添画五官的过程中,他们不会画一样的表情,在添画第二幅时自然会思考嘴巴、眼睛、眉毛的变化,这样就在小练习中进一步明确了不同表情的五官变化。

(四) 创设情境,具身想象

多媒体背景出现比赛场面,出现拉拉队员齐声演唱《我们是冠军》。

师:小朋友们,看比赛开始了。老师只画了一个拉拉队员,怎样表现现场热闹的场面?

生1:再多加几个拉拉队员。

生2:每个人手里都拿着旗帜。

生3:通过前后遮挡,画好多好多人。

……

媒体展示赛场边的拉拉队,先中后左右、由前至后依次出现神态不一的拉拉队员们。

在媒体及背景音乐声的衬托下，学生们仿佛来到了比赛现场，对人物动态和表情的创作有感而发，作业效果明显。

通过具身学习的体验感知活动，学生们全身心投入到学习中，表现人物动态及表情时也不再拘束了，特别是当自己描绘出有趣的人物动态时都迫不及待要展示给同伴看，创作欲望及幸福感都得到了满足。

温馨提示

具身学习通过身体及其感觉运动系统的活动为我们补充了新的学习模式，也给学生带来了更多的学习资源及学习动力。

在实际的课堂教学中，为了唤起学生由身体引发的认知感受，要注意通过多种形式进行体验，如感受树干纹理时不妨带领学生在校园里摸一摸树干的粗糙，学生手指的触感更能激发他们对树干纹理表现的印象；又如表现人物动态，欣赏再多的图片不如让学生从座位上站起来走两步，这样他们对走路时手脚的前后、左右交替规律一下子就理解了，画面中也就不会出现同手同脚的现象了。

（撰稿者：徐　玲）

◉ 范式 2 - 4 ──────────────────────────────────

研讨学习：在分享中实现个性化学习收获

研讨学习，顾名思义，是立足研究、讨论基础上的学习。一个人是讨论不起来的，需建立在小组学习的模式下才能交流——亮出各自观点，互通有无，讨论、合作、分享。对于每一个参与学习的个体来说，他的学习体验是个性化的，有针对性的。但是，一节课35分钟的时间毕竟是有限的，如何发挥研讨学习的优势，又不占用课堂过多的时间，保障其他教学活动的顺利进行呢？BYOD的模式是可以借鉴的。通过数字化平台的学习，将课内的研讨活动相应前移和后移，课前多准备，课后多交流，课上指导和评价。这种基于数字平台的研讨式学习不仅发挥了效用，而且更具灵活性。

一、激发学生自主学习的动力

"研讨学习"是在我国教育改革过程中出现的一种新的学习模式，这并不仅仅是将"讨论法"和"研究法"这两种方法简单相加，而是在吸收了这两种方法精华的基础上，将"讨论法"和"研究法"有机结合的一种全新的学习模式。

建立在BYOD数字化平台上的研讨学习则是在发挥学生主体作用的前提下，激发学生自主学习的动力，拓展学生交流的渠道。通过数字化平台能发挥跨时间、跨区域的优势：

（一）有利于师生、生生之间积极的互动学习

通过建立在 BYOD 数字化平台上的研讨学习，老师可以比较客观科学地了解学情，制定适切的教学目标，引导学生关注学习重难点；学生可以在平台呈现完整的学习经历，让学习中的疑惑及成果的交流从课上往课前和课后延伸。

（二）有利于开拓学生视野

网络的运用像给学生打开了一扇门，学生通过建立在 BYOD 数字化平台上的研讨学习，学习同伴智慧的精华，正如肖伯纳所说："你有一个苹果，我有一个苹果，我们相互交换苹果，每人仍然只有一个苹果。然而，你有一种思想，我有一种思想，我们彼此交换思想，那我们将同时拥有两种思想。"学生的学习视角得以拓展。

（三）有利于培养学生的探究能力

建立在数字化平台上的学习过程是即时的、生成的。学生通过平台搜集学习信息，交流讨论，在组织学习的过程中发现问题、研究问题、解决问题。这对于全面发展学生的学习能力大有裨益。

这种教学模式突出了学生在学习过程中的主体地位，能够充分调动学生的学习积极性和创造性，培养学生的综合能力，提高学生的综合素质。

二、将实体小组和虚拟小组结合起来

"研讨学习"将实体小组和虚拟小组结合起来，提供线上线下多种学习内容，使个体学习形成互补，满足了学生不同的个性特征和学习需求。现就四年级第二学期一则案例，做具体实践操作的步骤说明。

（一）研之有序，研之有物，明确内容

研讨学习，是一种群体性的活动。这样开放性的活动考验学生的能力，搞得好，学生能充分发挥自主性；搞得不好，活动就流于形式。因此，在进行研讨活动之前，应该明确分工。分工后，根据研讨的方向，确定研讨内容。这些内容可以是背景资料，可以是延伸内容，可以是问题梳理，可以是感想感受……如果说学生的分工是研讨学习的骨架，清晰的内容则让研讨活动有了血肉。

（二）研之有据，寻找资料

研讨学习是一种交流共享型学习，我们需要学生在主题下各抒己见。因此，学生在课前的资料搜集尤为重要。这个内容相似，但是资料可以更加宽泛，不同的角色，可以从不同的角度寻找资料，以使研讨更具全面性和开放性。学生可以利用网络资源发挥信息搜集的优势，网上有无穷的资源，网络信息资源的特点是数量庞大、增长迅速，且更新频繁，利用网络资源搜集资料有利于扩大学生的视野。

（三）研之有趣，发布任务

我们通过 AISCHOOL 平台发布任务，任务的发布可以是以学习成果提交，可以是发布在画廊，可以是录音，总之学生可以以自己擅长的、感兴趣的形式来获取和完成任务。

（四）研之有享，交流学习

学生在 AISCHOOL 平台上的交流可以是互评、自评。通过学生的评价，大家相互学习。这样的交流活动让学生们感到生动，更加有参与感。作业的完成也不再是冷冰冰的，而是更加有人情味。但是教师要注意及时给予指导，让评价更加有效。

通过在平台上的交流、讨论、研究，学生在学习中共同成长，锻炼学习的能力，拓展学习的思路，提高学习的效率。

三、将线上线下学习结合起来

上述操作方法从"研讨的分工、内容的明确、资料的搜集"入手，通过"分享交流，互助学习"、"思考改进，提高效率"，发挥学生自主学习的能力，接着采用"课堂学习指导，网络学习研讨"模式，将线上线下学习结合起来，调动学生的学习积极性，丰富学习内容，锻炼提取信息的能力，从而不断提升语言表达能力。例如，《瑞恩的井》的教学设计片段就是这样的：

（一）课前准备有任务

在课前，通过平台推送相关的预习单，让学生通过预习单上的学习任务来学习，明确自己的学习任务,扫清重点问题学习前的障碍——查字典,了解不理解的字词;读课文,按照词语表自学相关词语;推送相关的预习资料;小组分工,交流读后疑问,汇总学习成果。

(二) 课中讨论有交流

在学习的过程中,学生经过自己的课前预习,在共享交流平台提出了问题,因此在课堂上,我们可以交流字词学习情况,比如:你在预习课文时遇到了哪些生字新词? 你是怎样学习这些字词的? 学生通过小组学习的模式可以相互交流字词的学习情况,交流自己的学习情况。重点是学生提出预习时遇到的问题,沟通自己在学习中遇到的情况。

(三) 课中教学有侧重

课堂教学中,学生通过完成导学题暴露出学习中的问题,老师通过后台的统计可以及时调整教学的重难点,再轻声地读读诗文,确定本课的重点,在语境中理解"募集、募捐、捐助"三个词语的异同,理解瑞恩是如何完成这个不可能的任务的,体会瑞恩是一个善良的、充满爱心的孩子,表达对他的敬佩之情。通过自由读课文,边读边想:"你觉得瑞恩是个怎样的孩子? 为什么?"做笔记,圈画字词,通过笔记的形式共享。课堂教学围绕"瑞恩是个善良的、有爱心的孩子"展开,引导学生感悟人物品质。

(四) 课后学习有兴趣

通过课堂学习的交流、讨论,学生对人物有了感知,为了加深这种感悟,我们可以通过平台共享的学习交流资料发起研讨。这样学生学习的氛围更浓,更有兴趣,对人物的感知也更加深刻。

此外,我们还可以利用 BYOD 平台的分组研讨功能,发挥交流的即时性,让上课没有机会说的同学和没有时间说的老师有机会和时间进行发挥,使课堂得到延伸。比如利用平台发布练习、发起话题等:你有什么心里话想对瑞恩说? 可以给远在加拿大的瑞恩写一封信。学生自由组合完成任务,形式也不拘一格,录音也行,录像也可。

以上案例充分发挥了"研讨学习"模式的优势,学生既学习了结构性强的知识体系,又接触了大量信息资源,有利于培养他们的终身学习能力。

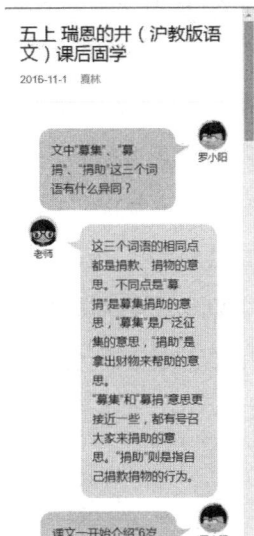

温馨提示

虽然研讨学习给学习带来更多资源、变化，但如按照上述操作步骤实践，还须注意以下几个方面：

1. **研讨学习要明确任务**。学生在学习的过程中一定要明确自己的任务重点，不折不扣地完成自己的学习任务，这样才能为研讨学习的效果提供必要的保障，否则没有"研"的氛围。不同的学习任务可以进行交换，让学生有不同的角色体验，这样才能进行全方位的学习体验，提升学习的能力。通过 BYOD 数字化平台，学生可以实现无障碍的实时交流，让更多的学生参与进来。

2. **研讨学习要充分准备，不打无准备之战**。要"研"要"讨"，学生必须要进行课前的预习。老师要对学习准备期进行相应的指导。有法有据，才能提升研讨学习的质量。互联网的信息资源如浩瀚的大海，在充分利用这个优势的同时，要注意信息的筛选，帮助学生健康地使用信息资源。

3. **研讨学习要关注每一个学生。**任何讨论中，总会有不同能力的学生。能言善辩的自然争取的机会比较多，但是还有一些不善言辞的学生，他们就比较吃亏了。这个时候，老师在交流中要特别关注这些学生，让每一个孩子在研讨学习中都能有展示自己的机会，让研讨学习起到调动学生的学习积极性和创造性的作用。BYOD 平台的分组研讨可以改变课上的这种弊端，让能说的学生引领大家说，让不大会说的学生在看到别人的发言后学着说，这是课堂时间限制下的优势所在。

（撰稿者：夏　林）

第三章　立体：让课堂绽放灵动之花

　　立体是世界的存在方式。大自然绚丽的色彩、变幻的光线、四季的更迭……让立体的世界如此美妙！我们课堂也理应是立体的。因为，学习的空间是立体的，学习的方式是立体的，学习的内容是立体的。我们要把"粉笔＋黑板＋课本"的平面教学手段和单向"注入式"的教学方法，拓展为立体的、多层面的、多向的、互动的教学方法手段，利用BYOD教学直观、形象的特点，充分调动学生的视觉、听觉，营造立体化、交互式的教学情境。

　　分层学习：构建个性化的智慧课堂

　　情境学习：网络为学习提供情境

　　实景学习：优化课堂教学的时空

　　任务学习：化被动牵引为主动探究

立体是世界的存在方式。大自然绚丽的色彩、变幻的光线、四季的更迭……让立体的世界如此美妙！

我们课堂也理应是立体的。因为，学习的空间是立体的，学习的方式是立体的，学习的内容是立体的。我们要把"粉笔＋黑板＋课本"的平面教学手段和单向"注入式"的教学方法，拓展为立体的、多层面的、多向的、互动的教学方法手段，利用 BYOD 教学直观、形象的特点，充分调动学生的视觉、听觉，营造立体化、交互式的教学情境。

分层学习是立体的一种形式。分层学习根据学生已有的知识、能力与心理水平展开教学。教师借助 AISCHOOL 平台的研讨、投票、练习、统计、评价等功能，从学习目标、个体练习、小组合作、课后作业、评价方法五方面展开，为学生构建个性化学习的智慧课堂。

情境学习是立体的一种形式。情境学习运用 AISCHOOL 平台上的课堂提问、投票、抢答等技术，把教材内容与生活情境有机结合起来，使学生们在丰富多彩、立体生动的活动中学习数学、体验数学。

实景学习是立体的一种形式。实景学习通过视频语音的推送，以实景的形式呈现在学生的电子设备终端，让学生进入直观、生动、立体的英语学习环境，使乏味的语法学习变得有趣、有效。

任务学习是立体的一种形式。任务学习在多媒体、信息技术等平台基础上，借助微信、班级群、BYOD 任务单、兔展、问卷星等网络资源推送，改变了以往单一的任务模式，形式更加丰富，让学习变得更加高效。

　　当然,立体并不止这些。立体化学习,不仅极大地丰富了学习资源,更重要的是改变了传统学习环境,使学习活动发生的场所不再局限于课堂,而是由课内拓展到课外,由学校拓展到家庭,实现了物理环境与虚拟环境的融合。

范式 3-1

分层学习：构建个性化的智慧课堂

在课堂教学中,优等生"吃不饱"、学困生"吃不了"的现象时常存在。如何在追求共性中尊重个性？如何在合作学习中各展所长？如何在自主学习中按需而学？

随着我校数字化校园的建成,学生的学习不再局限于教师单方传授,他们可借助学习伙伴或学习工具的帮助,利用有效的学习资料来获得知识,提升思维品质。

笔者尝试采用"分层学习"模式,借助 BYOD 和网络环境有效解决班级授课与个体差异这一矛盾。根据学生已有的知识、能力与心理水平实施分层学习,改变以往"统一教学、统一要求、统一达标"的教学现状,为学生构建个性化学习的智慧课堂。

一、分层驱动个体发展

"分层学习"是指教师根据学生现有的知识、能力水平和潜力倾向,把学生科学地分成几组各自水平相近的群体并区别对待,这些群体在教师恰当的分层策略和相互作用中得到发展和提高。

"分层学习"的优势有以下三个方面：

(一) 兼顾发展差异,做到因材施教

对不同层次的学生提出不同的教学目标。对优等生相应提高学习难度,拓展学习内容,更多鼓励在教师指导下的自主学习；对中等生达到《课程标准》规定的全部基本

要求;对学困生做到《课程标准》规定的最低要求,甚至还可以适当降低。目标的确定要符合相应层次学生的实际,力争使每个层次的学生经过努力都能达到预期的目标。

(二)消除智力歧视,激发学习动力

在自主学习中,学生可在 Pad 终端选取适合自己水平的学习资源开展探究,具有个性发展空间,不会因所选任务单的难易度而受到其他同学的嘲笑。在答题过程中,通过教师发回的解析,学生可自我纠错,形成个性化错题集,在消灭错题中获取积分奖励。分层学习内含的竞争机制,使得学生在自我能力范围内,勇于接受挑战,实现跨越,从而形成多向互动的课堂教学氛围。

(三)合理过程评价,提高学习自信

对各层次学生可采用不同的评价标准和评价工具。一方面,通过过程性评价使学生清晰地意识到自己的点滴进步,从而激发学习自信心,得到成功体验,产生成就感,为进一步学习产生良好的情绪体验。另一方面,对各个层次的学生都可以采用师评、自评、互评等相对评价,全面客观评价学生近阶段是进步还是退步了。

总之,面对学生的学习差异普遍存在的事实,教师采用分层任务驱动,使每个学生在各自的"最近发展区"得到最充分的发展,纠正班级教学中齐头并进、忽视个体的缺点。

二、分层重在因材施教

"分层学习"对学生而言是隐性的,他们只要学会使用 Pad,利用合适的资源和信息来解决问题即可。但是对教师而言,却要加倍费心,在设置学习目标、编写教案、设计活动和教学评价时,心中都要装着每个层次的学生,考量并预设不同层次的情况,尽可能让每位学生的个性特长都有施展的机会。在具体的实践操作中,教师可借助 AISCHOOL 平台的研讨、投票、练习、统计、评价等功能,从以下五方面展开:

(一)学习目标分层,重在全体

孔子有云:"中人以上,可以语上也;中人以下,不可以语上也。"在学习目标上,教师首先要明确,本课中哪些内容是全班学生必须掌握的,哪些内容是需要掌握但可在后续课时中再跟进的，哪些内容是作为拓展延伸了解的。

随后，根据学习目标，教师应设计由易到难的问题链，让各层次的学生都能有效参与到课堂中来，做到有的放矢，面向全体，不至于使分层学习流于形式。当某个问题中学生有不同观点产生的时候，借助 AISCHOOL 平台的投票功能，及时了解班级学生想法，明晰各观点学生数量分布情况，然后调取后台统计名单，先抽取低层次想法中的学生代表发言阐述，然后再请高层次想法中的学生反驳说理，通过思维的互动碰撞和辨析使不同层次的学生都能得到发展。

（二）个体练习分层，重在进步

课堂中通过 AISCHOOL 上的分组研讨功能，把同一题目设计成三种不同层次的任务单，A 任务单提示信息最少，B 任务单提示信息相对较多些，C 任务单提示信息最多。每个学生同时收到三个任务单后，根据自己的实际情况来选择。可以直接选 A 任务单来做，在做的过程中发现自己解决不了，那么可以调整一下，选择提示信息多一点的 B 任务单来做，以此类推。这样的练习方式，相比原来的统一要求、统一达标，更容易激发学生的自信心，在要求学生独立完成的基础上，重在鼓励他们的自我进步。从原本的"跳了也得不到"转变为"跳不到，降一点，抓得到"，使每位学生都能享受到成功的快乐。练习的合理分层在保证学生进步的同时，也杜绝了掉队现象。

（三）小组合作分层，重在转化

首先，建立相对稳定的学习小组，建议 4 人一组。依据学生的数学水平、解决问题能力、学习习惯等进行分类，大体划分出 A、B、C 三个不同层次。具体划分标准为：A 层学生基础扎实，学习兴趣浓厚，爱好广泛，学习成绩稳定；B 层学生智力因素好，有一定潜力，但学习缺乏刻苦精神，学习兴趣有偏差，成绩忽上忽下；C 层学生智力或非智力因素相对差些，学习上感到吃力，成绩不理想。教师通过 AISCHOOL 平台的分组功能，把三个层次的学生平均分配到各个小组中，让每个学习小组实力基本均衡。然后按组资源推送，在组长带领下，组员分工合作，互帮互助。

（四）课后作业分层，重在有效

课后让学生借助信息化的功能，结合学习能力和需求进行分层练习。改变以往统一练习、统一达标的现状，拓宽课堂教学内容，使每位学生都得到不同程度的发展，实现个性化学习。课后练习的"分层检测"以不同星级数加以划分，星级高低代表题目难易程度。一星题以基础题为主，让学生在动手动脑中巩固知识；二星题以变式题或综合题为主，让学生在思辨中得到提升；三星题则以拓展题为主，让学有余力的学生得到思维挑战。其中，一星题和二星题为每位同学必须完成并掌握的，三星题则具有弹性，有能力的同学可以尝试挑战，提供个性发展的空间。

另外的"拓展延伸"板块，既有让学生上网查一查的开放探究来拓宽学生眼界，又有知识宫来提高学生的数学文化修养，寓教于乐，大大激发学生学习兴趣。

（五）评价方法分层，重在鼓励

适当而及时的评价对提高学生的学习积极性很重要，因此对不同层次的学生需采用不同的评价标准。对学困生采用表扬性评价，肯定他们的点滴进步，调动学习积极性；对中等生采用激励性评价，既肯定闪光点又指明努力方向，提供进步的阶梯；对优等生采用竞争性评价，坚持高标准严要求，促使他们不断前行。这些分层评价标准可借助云平台灵活管理和使用，多方面记录学生的成长和进步。

其次，借助 AISCHOOL 平台上班级圈中的自评、互评功能，给予学生自主评价的空间，跳出师评的局限性。学生在互评的同时，以发展的眼光学习他人的长处和优点，同时清晰自己的优势和不足。

伟大的教育家陶行知先生说过，培养教育人和种花一样，首先要认识花木的特点，区别不同情况来施肥、浇水和培育，这叫"因材施教"。上述五个维度的展开让学生在完成适合自己的问题和任务中取得成功，获得轻松、愉快、满足的心理体验，有利于优化学生的思维品质，真正落实分层学习的精髓：关注学生个体差异，实施因材施教。

三、践行分层，满足个性发展

现就五年级第二学期《长方体表面积的变化》一课为例，详细阐述"分层学习"的具体实施方法。

（一）学习目标分层，重在全体

学习目标的分层可以在教师的提问和追问中逐步渗透和体现。在课始的例题推进过程中,教师对于不同层次的学生数学能力了然于心,故而对不同难度问题的设计对象有明确指向。有一定难度的问题让能力强的学生回答,而一些相对简单的提问则鼓励学困生积极参与。比如:

(1) 两个一样的糖盒子可以怎样拼搭?

(2) 拼搭后形成新长方体的表面积是多少?

(3) 这两个糖盒子包成一包,至少需要多大的包装纸?

对于问题(1)可以先让学困生借助实物拼搭演示给大家看,同时在大家的帮助下呈现多种拼搭方式,打开思路。随后挑选一种情况,完成跟进问题(2)的计算,对能力较强的学生则直接鼓励他们解决问题(3)。课堂中出现了丰富的资源,顺着(1)(2)两问按部就班的同学,过渡到第(3)问的时候受正迁移影响,把三种拼法的包装面积进行比较就能得出最优的包装方法。而直接考虑第(3)问的学生则会关注拼搭后减少面积的比较,减少面积大的则需要的包装纸最节省。在这两种方法的并列呈现下,教师通过投票形式,让学生对比思考,寻求优化方法。

本课除了要求掌握本体性知识,更重在渗透解决问题中的策略选择意识,要让学生学会根据题目情境选择合理便捷的策略来解决。基础薄弱的学生只需会计算变化后不同新长方体的表面积即可,而能力强的学生则通过对比先确定最节省的包装方案,再进行计算。

(二) 个体练习分层,重在进步

跟进练习可以按如下操作方式进行分层,在 AISCHOOL 上利用分组研讨功能,按 A、B、C 三个层次来设计,同时推送给学生,学生依据自身情况选择合适难度的任务单来完成。例如:

任务单 A:

3 个长 6 cm,宽 6 cm,高 2 cm 的长方体糖盒包成一包,至少需要多大面积的包装纸?(接口处不计)

任务单 B:

3 个长 6 cm,宽 6 cm,高 2 cm 的长方体糖盒包成一包,至少需要多大面积的包装

纸？（接口处不计）（观察一下这个长方体哪些面是相同的）

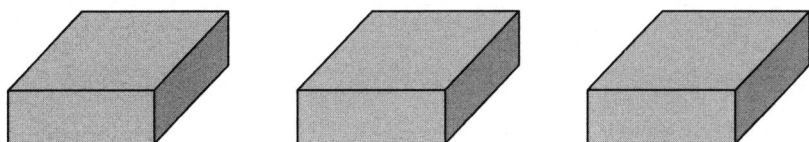

任务单C：

3 个长 6 cm，宽 6 cm，高 2 cm 的长方体糖盒包成一包，至少需要多大面积的包装纸？（接口处不计）

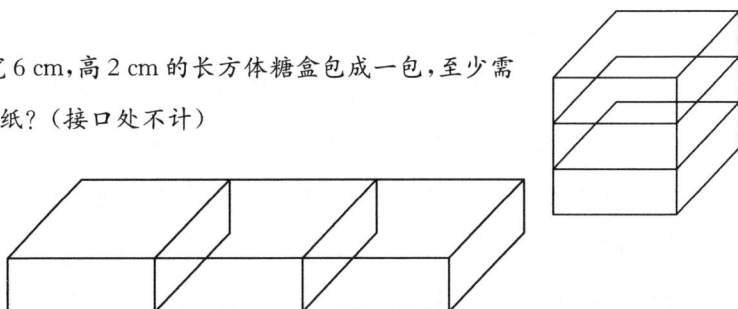

优等生可以直接选 A 任务单来做，中等生如果在选择做 A 任务单的过程中发现自己解决不了，那么可以调整一下，选择提示信息多一点的 B 任务单来做，获得相同面的提示，继而发现三种情况中有两种情况是一样的。任务 C 直接给出两种包装的具体情况，更适合空间想象存有一定困难的学生。

（三）小组合作分层，重在转化

材料准备：10 小包纸巾（长 5.3 cm，宽 7.2 cm，高 2.2 cm）；每 4 人一组发放一张记录纸。

任务要求：纸巾生产厂家准备推广 10 包/条的纸巾，请你设计一种方案，使得一整条纸巾所需的外包装最少。（接口处材料不计）

想一想：怎么样摆放更节省？为什么？

画一画：画出你摆放后的图形。

算一算：最少需要多少平方厘米的外包装？

议一议：结合生活实际想一想，平时超市看到的 10 包/条的纸巾是怎么摆放的？和你们的设计方案是否相同？你有什么改进建议想对厂家说吗？

第（　　）小组，小组成员：
我们的方案：_____ _____ _____ 我们的结论：_____ 对厂家的改进建议：_____

以小组合作形式展开讨论，并把结果记录在纸上，随后拍照上传到分组研讨中，可以为自己的小组点赞，也可以查看其他小组的上传情况，进行组间评价。学困生在小组交流中获得锻炼的机会，参与小组讨论，并鼓励他们作为小组代表发言，分享小组成果，激发起学困生表达的欲望，产生学习内驱力。

（四）课后作业分层，重在有效

一星题：2 个长 5 cm，宽 4 cm，高 2 cm 的火柴盒包成一包，至少需要多大面积的包装纸？（接口处不计）

二星题：将两本长 20 cm，宽 28 cm，厚 1 cm 的书进行包装，两本书的表面积减少了多少 cm²？现在表面积是多少 cm²？

三星题：如果把一个棱长是 10 cm 的正方体切成 8 个完全相同的长方体，这两个长方体的表面积之和比原来的正方体表面积减少了多少 cm²？

一星题和二星题为每位同学必须完成并掌握的，三星题则具有弹性，有能力的同学可以尝试挑战，提供个性发展的空间。

（五）评价方法分层，重在鼓励

我们不能用同一根尺子去客观衡量所有的学生，对于不同层次的学生需要依据他们自身的起点，给出相对合理的过程评价，这样有利于激发他们的学习积极性。

例如在之前的长方体糖盒包装活动中，制定如下评价标准：

评分等级	评分标准
5★水平	完全能理解任务的要求，有清晰的问题解决思路。 能够选择符合自己水平的任务单来完成。

续　表

评分等级	评 分 标 准
	能正确算出两种情况下的表面积，并加以比较，得出最少的包装纸。 能用清晰、完整的直观语言对自己采取的方法进行解释。
4★水平	基本能理解任务的要求，有比较清晰的问题解决思路。 能够选择符合自己水平的任务单来完成。 能正确算出两种情况下的表面积，并加以比较，得出最少的包装纸。 能用比较清晰、直观的语言对自己采取的方法进行解释。
3★水平	在找不到解决问题方案的情况下，能够主动调整任务单，选择低于自己水平的任务单来完成。 依据额外给定的题目线索进行尝试，能正确算出两种情况下的表面积，并加以比较，得出最少的包装纸。 能用比较清晰的语言对自己采取的方法进行解释。
2★水平	能够借助任务单C的线索提示进行解题。 能正确算出两种情况下的表面积，并加以比较，得出最少的包装纸。但是无法表达清楚两种重复的拼搭情况。
1★水平	不明白问题的意思，找不到解决问题的方案，放弃任务。

5★评价样例：于同学选择任务单（A），答题情况如下：

学生表述过程：我把三种情况画了一下，发现左右拼法和前后拼法是一样的。所以只要观察两种情况，显然上下重叠减少了 4 个大面，而左右重叠减少了 4 个小面，所以是上下拼法用的包装纸最少。

教师根据学生原有数学水平以及最终的任务单难度等级两方面来综合考量学生的解决问题能力。这样的评价方式，相比原来的统一要求、统一达标，更能激发学生的自信心。在要求学生独立完成的基础上，重在鼓励他们的自我进步。

温馨提示

依托 BYOD 项目和数字化校园环境，学生能借助 AISCHOOL 平台做到分层学习，获得更多个性化学习资源和成长空间，但在上述实践操作的步骤中还须注意以下几个方面：

1. **分层不代表降低要求**。分层学习的本意是希望通过分层让学生更加高效地完成自己的学习计划，获取更多的知识并提高学习技能，为更好地达到最优秀的自己而有目标地学习。特别是学困生，不能以一种放弃或者任由其发展的态度对待他们，要使他们争取从原来只会做任务单 C 逐步提升到做任务单 B，以积极的心态向前看，而不是泄气地往后退。分层是为了提高课堂效率，满足个性发展，而不是意味着学生可以不去做，自我放弃。

2. **分层不只是关注差生**。根据前面五方面的阐述，似乎很大篇幅侧重于学困生的鼓励和提高上，其实分层学习兼顾到各层次学生的发展需求。例如在课中问题的深入提问上、课后练习的提高拓展上都有体现，最终要让学困生"跟得上"，让优等生"跑起来"。

3. **分层不总是一成不变**。分层不是目的，而是为了更有利于因材施教，以达到最佳教学效果。随着时间的推移，学生学习与身心会在一定程度上发生变化，教师应及时调整学生层次，让所有同学时时都处于最佳学习状态之中。要鼓励同一层次的学生相互竞争，不断从低层次进入高层次。

（撰稿者：徐玉华）

情境学习： 网络为学习提供情境

　　在小学数学教学中,低年级学生没有情境介入就容易注意力不集中,导致学习兴趣大减等,而积极创设课堂教学的问题情境,不仅能鼓励学生培养动手操作的能力,也能让学生拥有自主探究的兴趣,使学生积极主动学习。

　　低年级学生的认知水平较低,理解能力较差。在教学中运用 BYOD 学习模式例如课堂提问、投票、抢答等技术,把教材内容与生活情境有机地结合起来,可以使学生在丰富多彩、生动有趣的活动中学习数学、体验数学。

　　创设教学情境绝非仅仅是为了博得学生的掌声、笑声,它的目的是追求知识与情境两者结合的美妙境界,使知识的吸附和情境的熏陶凝成一种力量,从而唤起学生追求真理、向往崇高、探索未来的热情,提高课程教学的有效性。

一、推动学习开展的一种方式

　　"情境学习"是在课堂教学活动中,为了达到既定的目的,从教学需要出发制造或创设的与教学内容相适应的场景或氛围,进而推动学习开展的一种方式。

　　"情境学习"的优势有以下三个方面:

(一)创设质疑情境,引发自主探究

创设质疑情境,就是在教师讲授内容和学生求知心理之间搭建一座"桥梁",将学

生引入一种与问题有关的情境中,问题是数学的心脏,问题是思维的起点,是思维的动力。"学起于思,思源于疑"。学生在上课时,对老师提出的质疑情境有好奇心和求知欲,根据这一特点,鼓励学生自主质疑去发现问题、探究问题、解决问题,激发学生的学习兴趣和探索欲望,启发学生创新思维,起到了很好的教学效果。

(二)创设实际生活情境,激发学生学习兴趣

数学来源于生活,生活中又充满数学。著名数学家华罗庚说过:"人们对数学早就产生了枯燥乏味、神秘、难懂的印象,原因之一便是脱离了实际。"因此,教师要善于从学生熟悉的实际生活中创设教学情境,让数学走进生活,让学生在生活中看到数学,接触数学,激发学生学习数学的兴趣。

(三)创设游戏情境,让学生"玩中学"、"学中玩"

"玩"是孩子的天性。苏霍姆林斯基曾指出:"如果老师不想办法使学生产生情绪高昂和智力振奋的内心状态,就急于传授知识,不动情感的脑力劳动就会带来疲倦。没有欢欣鼓舞的心情,没有学习兴趣,学习也就成了负担。"小学生都喜欢做游戏,创设一个与学生知识背景密切相关,又使学生感兴趣的游戏情境,唤起学生的主体意识,让学生自主调动已有的知识、经验、策略去体验和理解知识,可以激活学生的思维,引发学生探索,使学习活动生动有效、事半功倍。当问题下放时,运用终端"课堂提问"的方式,及时让老师了解不同学生的不同情况,并且及时反馈,详细讲解。

数学提倡来源于生活,运用于生活,以及学会解决问题。

二、提供学生多种学习方式

"情境学习"是要将课前、课中、课后和课后练习结合起来,提供学生多种学习方式,同时也满足了学生不同的个性特征和发展需求。现就一年级第二学期一则案例,对具体实践操作的步骤做一说明。

(一)创设问题情境,引导自主探究

大部分授课的过程中,教师很容易代替学生分析题意,导致了学生的思路受到局限,不能很好地发展数学思维。如果学生不能够很好地理解图的真正含义以及从图中得到的重要信息,一种体验的过程没有了,就等同于还没有学会走就马上要跑一样,急吼吼。

(二)创设活动情境,引导体验过程

在引导学生探索重点的时候,发布 Pad 练习,可以用一些鼓励性的词汇让学生积极参与。冷静处理,灵活应对。抓住时机,在教学内容的关键处、联结点、兴趣点、疑难点、模糊点,适时地提问、点拨、引导、启发,做到"一石"激起"千层浪",重新找回活跃的课堂气氛。

(三)创设矛盾情境,引导主动探求

鼓励为主,激发兴趣。当课堂上遇到"启而不发"的问题时,对每一个站起来回答问题的学生都应当给予正面鼓励,抓住与问题答案"沾边"的闪光点,引导其他学生思考,大胆回答问题。在这种情形下,某些疑难问题通过老师的鼓励引得大家积极参与,从而使问题得到圆满的解决。同时在 Pad 投影二分屏时,故意投影一些类型相近、解法相似的问题,激发学生急于破解其中奥妙的欲望,为学生创设一个"启而待发"的浓厚学习氛围。

(四)创设生活情境,促进迁移应用

新教材课后习题针对学生学习基础、能力各不相同的情况,课后 Pad 习题专门设计成 A 组、B 组。其中 A 组的习题是针对全体学生设计的最基本的习题,是全体学生最起码要掌握的一些题目,而 B 组的习题是针对部分学有余力的学生设计的题目。新课标提出不同的人学不同的数学,突出学生在学习上的差异性。新课标数学实验教材课后习题设计就是为了给学生提供多层次、多种类的选择,以满足不同层次学生发展的需要。

三、将社会性交互作用视作学习的重要组成部分

情境学习是教师根据教材所描绘的情境,创设出形象鲜明的投影图画片,辅之以生动的文学语言,并借助音乐的艺术感染力来辅助学生学习。情境学习对培养小朋友情感,启迪思维,发展想象,开发智力等方面确有独到之处。情境学习能激发小朋友的

学习情绪和学习兴趣,使学习活动成为小朋友主动的、自觉的活动。情境学习将社会性交互作用视作情境学习的重要组成成分。例如《计算游戏》的教学设计片段就是这样的:

(一) 创设问题情境,引导自主探究

师:今天我们来玩一个游戏,玩游戏之前,我们需要了解这是什么游戏。老师给出游戏版面,你能说一说有什么秘密吗?

生:三角数图里的三部分。

生:每部分都放有小圆片。

师:既然我们了解了游戏版面,那游戏怎么玩呢?请看小丁丁他怎么做了。(演示动画)

师:谁看懂了小丁丁的做法?

生:小丁丁把相邻部分里的小圆片个数加起来,然后写在边上。

师:大家都同意吗?

生齐:同意。

师:原来三角数图里的三部分,每部分都放有小圆片,相邻部分里的小圆片个数相加,其结果(和)就写在边上。今天我们就一起来学习"计算游戏"(板书课题)。

通过一个发现游戏规则的情境,吸引学生兴趣,并自发地去找寻规律,发现数字与数字之间的奥秘。

(二) 创设活动情境,引导体验过程

师:现在游戏版面发生了变化,你看懂了吗?(发布 Pad 练习)

师:谁来说说看。

生:之前里面是小圆片,现在是数字了。

生:之前求外面的,现在里面也求。

师:那三角数图里面的数字该怎么求呢?

生:边上的数字减去里面其中的一个数就可以算出来了。

小结:从小圆片到数字,我们同样可以通过想加减法很快算出结果。

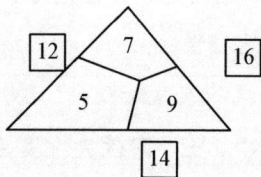

从原本的小圆片到数字,抽象化了题型,这对于一年级的学生来说有一定的难度。但是通过把三角数图不断简化的过程呈现给学生,不断用情境提示学生去发掘,去探寻,使得学生在抽象化的过程中,心中有小圆片,知晓万变不离其宗,情境给了学生一个体验的过程。

(三)创设矛盾情境,引导主动探求

师:如果三角数图变成了这样,你还会吗? 在 Pad 上分组研讨。

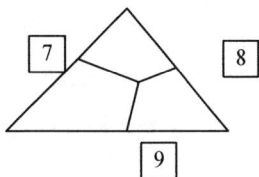

生:可以先把 7 两边的数字填好,一个一个代进去试试。

生:也可以先把 9 两边的数字填好,一个一个代进去试试。

生:也可以先把 8 两边的数字填好,一个一个代进去试试。

师:小朋友们都回答得很棒,但是有没有更简单的方法呢?

师:7,8,9 三个数字之间有什么关系呢? 既然里面两个空格的和是 7,那么我们反过来想就是把 7 进行分拆,7 可以分拆成 0,7;1,6;2,5;3,4。那么选择哪个组合呢? 我们接着看外面其他两个数字 8、9,他们两个相差 1,我们就选择分拆 7 组合里相差 1 的组合,那就是 3,4。然后我们把较小的 3 写在较小数字 7、8 的中间,下面就填写 4,最后一个空格就很自然地可以由 8-3＝5 或者 9-4＝5 得出来。

题目不断深化,小圆片从中间消失了,这就要考验学生对于数字的敏感程度了。在之前不断情境强化的过程中已经知晓外面的数字是里面相邻两数之和,如果知道外面(和)的数字,那么必然要将外面的数字(和)分拆。

(四)创设生活情境,促进迁移应用

师:A组:完成下面的三角数图游戏,挑战自己。

B组:请你设计一个三角数图,分享给同学,邀请同学一起完成。

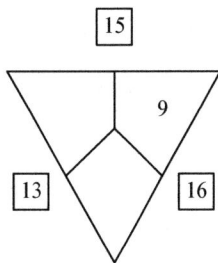

温馨提示

在大数据时代的背景下，学生能够利用 AISCHOOL 平台在一定情境下学习，但在上述实践操作的步骤中还须注意以下几个方面：

1. 情境学习不仅仅是将媒体做得花哨，而是带有目的地进行。从情境学习建立的条件来看，情境学习中学生所有知识的获得都来自具体的情境，任何一个情境当中都包含大量的信息。这些信息通过不同层次的学生分析、思考、加工，最后会形成不同的观点和看法，教师作为情境的创立者、合作者，要明确创设情境的目的，适当地加以引导，帮助学生在质疑、分析、反思的过程中形成正确的观点和看法。

2. 情境学习不仅仅是单一形式的师生或者同桌之间的对话交流模式，而是针对不同的教学内容、不同的教学目标需要不同的表现手段与表现方式，需要不同的学习方法。不同情境对于不同目标的内容教学效果是不一样的。在情境学习时，要把握好情境与这两者的关系，如提供学习资源的情境学习适用于知识的学习，渲染气氛的情境学习适用于角色扮演，仿真情境学习适用于体验式的问题解决教学，等等。

（撰稿者：卢嘉琳）

范式 3-3

实景学习： 优化课堂教学的时空

国家教育部颁发的《小学英语课程教学基本要求（试行）》指出："小学阶段英语课程的目的是激发学生学习英语的兴趣，培养学生一定的语感和良好的语音语调，使他们形成初步运用英语进行简单日常交流的能力。"但是在实际生活中，部分孩子害怕说英语，缺乏主动性，缺少自信心的现象很明显。在英语课堂中，教师们如何激发学生的学习兴趣，改善英语情景教学？如何提高英语教学水平，提高英语课堂教学实效？

随着我校数字化校园的建成，学生的学习不再局限于教师单方面的传授，他们还可以借助同学或电子化产品的帮助，利用丰富的学习资源来获得知识，提高英语水平。基于此，笔者尝试采用"实景学习"模式，借助 BYOD 这一新型学习模式，使师生通过相互连接的终端设备开展教学活动，有效地为学生创设良好的实景，激发学生学习英语的兴趣和自信，促使学生们主动学习，主动用英语交流，从而优化小学英语课堂教学。

一、实景学习，提高英语学习实效

"实景学习"模式与传统的学习模式不同，其本质特征是教的行为与学的行为可以在时空上分离。

在"实景学习"模式下，教师能借助 AISCHOOL 平台，在课堂上为学生提供真实的实景及整体教学目标及内容，让学生在实景中整体感知，借助语段渗透，习得单词句型，跟着 Pad 朗读文本，预知学习内容，让每位学生都有主动读英语、说英语的机会，大大提高了英语学习的实效。

（一）让学生预知学习目标

在学校 BYOD 学习模式的研究背景下，学生们运用 Pad，教师们努力培养学生良好的英语语用能力。实景学习可以依托 Pad 中的众多功能，如视频、音频、评价等来呈现单元整体目标，保证每位学生都能预知单元学习内容，使得每个学生对所要学的文本内容有一个整体的感知。通过 Pad 上传预习的朗读内容及每个单元相关的学习要点，给学生一个预设感知，让学生预知学习目标。

（二）让学生关注语言积累

"实景学习"模式是一种很受学生欢迎的学习方式，学生可以在真实的实景中与其他学生进行语言互动学习，并相互评价。在学校 BYOD 学习模式的研究背景下，学生可以在真实的实景中进行模仿跟读训练，教师可以通过 Pad 的识别功能对学生的朗读质量进行检测评估。实景学习为学生创设了良好的英语实景，让学生们自由发挥，可扮演不同的角色，用英语去处理遇到的各种问题，加强学生们的英语交流能力，并在这个过程中得以学习成长。"实景学习"模式以其直观性、生动性、趣味性，让学生更加关注语言的积累。

（三）让学生轻松学习语言

"实景学习"模式把枯燥的语法放在了真实的实景中，为学生提供了语言实际运用的空间，使乏味的语言学习变得轻松活泼，非常适合学生的心理特征。"实景学习"模式提倡在真实的实景中，运用英语进行互动交流，让大家觉得学习英语很轻松、很有趣，深受师生们的喜爱与欢迎。

总之，在"实景学习"模式中，借助 BYOD 这一新型学习模式，师生通过相互连接的终端设备开展教学活动，优化了小学英语课堂教学的实效。它既能为学生创设真实的实景，促使学生们沉浸在语言的海洋中进行互动和口语交流，教师又能指导学生们学会自主学习和相互评价的方法，共同提高了学生的语用能力。

二、实景学习,实现学生的个性化学习

"实景学习"模式是基于真实的实景进行听说训练,文本内容整体呈现,模仿跟读,互相评价等,实现个性化学习。

(一) 实景激趣

"实景学习"模式能提高学生的学习兴趣。以往传统的英语教学模式中,大部分学生通过课前预习,大致能知晓课堂教学内容,有些学生觉得没新意,有的学生觉得没深度,上课气氛冷清又压抑。"实景学习"最重要的就是要激发学生的学习兴趣,调动学生的学习积极性。

在"实景学习"模式的英语课堂中,借助 Pad,运用媒体技术,为学生创设良好的实景,让学生在真实的景中进行学习,使学习内容更直观,更活泼有趣,激发了学生的学习兴趣。如遇到与实际生活紧密相关的教学内容,教师还带领学生走出教室,来到操场,或是让家长带着孩子来到超市、电影院等进行实景学习。在实景学习中,教师为学生再构文本内容,再构儿歌故事,使教学内容更逼真有趣,提高学生的学习兴趣。

(二) 实景沉浸

语言要先输入再输出,它的最终目的是与人交际。在"实景学习"模式中,学生通过沉浸在语言的海洋中,逐步进入系统的学习,习得语言知识。逐步从输出一句到输出一段,循序渐进,缓缓滚动。当学生肚子里装满"一缸水"的时候,他就会"溢出来"。

在"实景学习"模式的英语课堂中,通过 Pad 创设真实的情景,推送文本内容,配上优美的音乐,让学生们都沉浸在语言学习的氛围中。上海版小学牛津英语教材每一个单元的教学内容一般划分为三个课时,运用 Pad,结合实景学习,第一课时先是让学生沉浸在实景中感知文本内容,第二课时沉浸在实景中习得语言知识,第三课时沉浸在实景中进行语言的输出和反馈。三课时内容紧密相连,环环相扣,逐步提升,最终达到语言教学的目的。

(三) 实景对话

在传统的课堂学习中,学生们习得相关的词汇语法知识点,习得语言知识,但是学

生的知识面是比较狭隘的,理论和实际会发生脱节现象。通过"实景学习"模式,借助 Pad 的有效使用,教师可以在平台上为学生提供大量适合学生年龄段的信息资源和文本内容,且图文并茂,深得学生的喜爱。师生可在平台中进行对话,这样学生们不仅可以在学校内习得语言知识,也可以在家等任何场所进行自主学习,进行人机对话,通过平台中的练习和录音等功能习得语言知识,既便捷又有效。

(四) 实景评价

"实景学习"模式能激发学生的自主评价。通过 Pad 的模仿、跟读、评价功能,学生能自主进行听说读写的操作,而且能利用课内和课后的师生互动、生生互动,从而达到语言学习的目的。利用 Pad,能进行相互的评价学习,不仅培养了学生主动学习的好习惯,而且激发了学生善于评价、主动评价的兴趣,使学生之间能取长补短,促使语言学习的有效性。

英语教学由于在现实生活中不可能像母语一样具有天然的语言环境,因此教师需要通过 AISCHOOL 平台,创设出更加逼真形象的语言实景,实现英语教学的有效性。教师要教会学生学习的方法,让学生理解并把握住单元教学内容的目标和重点,使学生能自主学习,学会解决问题,主动交流,并进行准确客观的评价。

总之,BYOD 学习模式下的实景学习是通过网络终端的联通,达到学生自主学习的目的,从而有效实现学生的个性化学习。

三、巧用实景,优化英语课堂教学

下面就以《3B Module3 Unit2 Colours》这一单元为例,谈谈我在 BYOD 学习模式下,是怎样让学生进行实景学习的。

(一) 实景激趣,预知学习目标

在学校 BYOD 学习模式的研究背景下,通过 Pad,为学生创设一个色彩斑斓的大自然,并配上舒缓的音乐,让学生沉浸在大自然的美好中。推送音频和视频,推送文本内容,让学生首先在色觉上对大自然各种丰富的色彩有一个整体的感知,激发学生的学习兴趣,使学生能在逼真的实景中进行有效的实景学习,预知学习目标。

小学英语牛津教材(上海版)3B Module3 Unit2 Colours 这个单元分为三个课时进行授课,主要的新授单词有:sky,sea,mountain,river,新授句型为 What colour is it/are they? It's/They're... I like doing sth...

研读教材内容,整合单元知识,结合学生的学情,利用 Pad 上传文本资源,有效进行实景学习。通过借助 Pad,让学生沉浸在语言知识的海洋中,让学生模仿跟读,预习文本内容,引出新授单词:sky,sea,mountain,river,学生感知并正确认读单词;引出新授句型:What colour is it/are they? It's/They're...,学生感知并学习新句型。文本内容如下:

Nature world is so beautiful. Maybe it's blue because the sky is blue. Maybe it's white because the clouds are white. Maybe it's yellow because the flowers are yellow. Sometimes the mountains are green. Sometimes they are white. Some rivers are blue. Some rivers are green. So great! Nature world is colourful.

> Look at the picture. It's summer. The leaves are green. The mountains are green too. It's a sunny day today. The sky is blue. The clouds are white. People like playing on the beach on a sunny day.
>
> Look at that picture. It's summer. But today is a rainy day. The sky is grey on a rainy day. The clouds are grey on a rainy day. The trees, the river, the mountains, the houses ... all become grey. People like staying at home on a rainy day.

通过"实景学习"模式,运用 Pad 创设实景,让学生们沉浸在语言学习的海洋中,有效进行语言知识的积累。教师根据学生的学情适当优化了文本内容,并根据学生在 Pad 中完成任务的实际情况,调整教学内容和进度,添加了新句型:I like doing sth…。使文本内容更加具体,最后通过 Pad 发送语用任务,创设各种语境,进行强化训练,使学生们掌握新授知识。

（二）实景评价，共同取长补短

"实景学习"模式激发学生的自主评价能力，使学生们取长补短，共同进步。在 Pad 中展示本单元的知识归纳和总结，呈现朗读、练习的评价结果，让师生做到心中有数。将评价结果结合学生实际水平适当地优化，形成一篇完整且充实的文本资源，同学们可自主朗读，资源共享。

（三）实景学习，轻松习得语言

"实景学习"模式激发学生的自主学习能力，使学生们轻松习得语言知识。英语课堂教学中的内容是层层递进、逐步叠加的，其中的教学内容也是环环相扣，以螺旋上升的形式稳步出现的。实景学习借助 Pad，废弃了以往再构文本在课堂中"走过场"的不合理性，扬长避短，巧妙地将这些文本有机地结合起来，充分发挥了实景学习在英语学习过程中的主导性和重要性，从而激发了学生的自主学习能力，使学生能轻松愉悦地学习英语，积累更多的语言知识，进而有效地提高了英语语用能力。

Talk about your favourite season or weather

I like … (season) best.
The…is/ are… in …
Today is … (weather)
The … is / are … on …
I… like doing on …
What a nice (…)day!

在学校 BYOD 学习模式的研究背景下，"实景学习"模式既使学生们习得了结构性强大的知识体系，又让学生们接触了大量的信息资源。学生们通过"实景学习"模式，提高了学习兴趣，提升了自主学习的能力和英语语用能力，从而实现了优化小学英语课堂教学的目的。

温馨提示

这两年来，"实景学习"模式在我们的英语课堂中不断地滋生着，推广着。作为一线的英语老师，我研读了很多关于这方面的书籍，也思考了很多，观摩了许多实景学习模式的优质课，在自己的课堂教学中也不断地实践反思着。

1. **实景学习要注意激发学习兴趣**。在"实景学习"模式中，教师要注意激发学生的学习兴趣。教师要认真研读教材内容，有效地整合单元教学内容，结合学生学情重组教学环节。教师要注意运用 Pad 把单元目标和文本内容推送给学生，充实每一节课的教学内容，衔接要做到自然流畅。通过 Pad 上的各种功能，有效创设实景，使学生主动地投入课堂学习中，潜移默化地激发学生的学习兴趣。

2. **实景学习要注意关注语言积累**。在"实景学习"模式中，教师要注意从整体上创设实景，合理地安排教学时间，有效地整合时间资源，使有限的课时产生乘法的效益，学生能在充裕的时间内学习积累语言知识。同时要注意通过 Pad 实现资源共享，运用模仿跟读、预习评价等功能，使学生们更加关注语言知识的积累。

（撰稿者：翁媛华）

◉ 范式 3-4 ——————————————————————

任务学习：化被动牵引为主动探究

随着新课改的深入，任务学习已在很多学科的课堂教学中得到了广泛的应用。阅读教学是小学语文教学的中心环节，培养阅读能力是小学语文教学的重要组成部分。然而阅读教学也是语文教学中的难点，更多情况下是老师讲、学生听，学生练、老师评，老师的"单边引航"作用占据主导地位。学生学习处于被动的地位，缺乏自主学习的动力和氛围。因此这种现状往往导致学生阅读能力提升缓慢甚至停滞不前。要在阅读教学中激发学生的学习动力，培养学生自主学习的能力，就需要教师采取合适的阅读教学策略和恰当的学习模式。在语文阅读教学中采取任务学习，在任务的牵引下，通过学生的自主学习，提高阅读能力，助推语文阅读教学。

一、任务牵引，让学生成为学习的主体

什么是任务学习呢？任务学习就是以学习任务为中心，将任务落实到小组，小组成员既分工又合作。这种学习活动与语文教学中的任务型教学紧密相关，根据教学内容可以安排在课前、课中或课后进行。逐步在过程中形成"以任务为主线、教师为主导、学生为主体"的学习模式。那么，提倡任务学习有何意义呢？

（一）有利于激发学生的学习兴趣

"任务学习"是一种建立在建构主义学习理论基础上的学习模式。它以任务为驱

动,在教学情境的创建和任务完成中实施,使学生带着真实的任务在探索中学习。在这个过程中,学生在学习中起主导作用,教师在教学中起组织、引导、促进、控制、咨询的作用。学生学习更具有目标性、主动性和创造性,同时会不断地获得成就感,可以更大地激发他们的求知欲望,逐步形成一个感知心智活动的良性循环,从而培养出独立探索、勇于开拓进取的自学能力。

(二)有利于提高学生的学习效率

在任务学习法中,学生带着任务学,在学习任务的引领下,学习过程中就具有明确的目的性和指向性,学生能够根据任务要求,有针对性地学习,在学习中能更集中注意力去完成任务,学习更自主、更独立,学生自行建构解决任务的方式,学习能力得到提高。

随着多媒体技术在教育教学中的广泛运用,学习任务可以在多媒体、信息技术等平台基础上,借助微信、班级群、BYOD任务单、兔展、问卷星等网络资源推送,改变了以往单一的任务模式,形式更加丰富。在阅读教学中,教师可以增加阅读训练点设计任务类型,如参与讨论式的学习点可以采用网络分组研讨,区别判断类知识点可以设计成选择题,在后台即时生成反馈,直观了解学生答题情况,提高教学质量。在智能科技的参与下,任务学习法有了更大的发挥空间和更丰富的形式,让学习变得更加高效。

(三)有利于促进学生的知识运用

任务学习背景下,将以往以传授知识为主的传统教学理念,转变为以解决问题、完成任务为主的多维互动式的教学理念;将再现式教学转变为探究式学习,使学生处于积极的学习状态,每一位学生都能根据自己对当前问题的理解,运用共有的知识和自己特有的经验提出方案、解决问题。通过完成任务在进行知识学习的同时,给予学生启发,增强学生对该类知识的运用。

因此在阅读实践教学中,恰当地使用任务学习,有利于帮助学生更好地习得知识点,提高学习的效率。

二、任务导航,让学生进入学习情境

任务学习的核心是任务,任务设计是推进"任务学习"的关键所在。Skehan 提出,任务有五个基本特征：任务是一种活动，意义是最重要的；有某个需要解决的问题，这个问题可以通过交流的方式加以解决；任务与现实生活联系紧密；任务的完成是首要的；以任务最后的完成情况对任务进行评价。在任务学习法的引导下，本次探究主要在语文学科侧重利用终端(Pad)互动式任务学习，在教学的各个环节中渗透任务式教学法的精髓。

（一）创设情境，提出任务

在语文阅读教学过程中，创设与当前学习主题相关的、尽可能真实的学习情景，引导学习者带着真实的"任务"进入学习情境，使学生的学习直观性和形象化，对于学生来说，可以实现积极的意义建构。

从建构主义学习理论的观点来看，学习总是与一定的"情境"相联系的，因为在"情境"的媒介作用下，那些生动直观的形象才能有效地激发学生联想，唤起学生原有认知结构中有关的知识、经验及表象，从而使学生利用有关知识与经验去"同化"或"顺应"学习到的新知识。在语文阅读教学的"任务"设计中，可以借助 BYOD 平台发布阅读任务，通过分组功能推送平级任务或梯度任务，丰富任务形式，从朗读、讨论、选择、判断、复述等角度，设计出某种情境的学习任务，使学生在这种"情境"中探索实践，激发学生联想、判断，从而加深对问题的理解。

（二）思考碰撞，分析任务

提出任务之后，教师不要急于讲解，而要先让学生讨论、分析任务，提出完成任务需要做哪些事情，即提出问题。这个时候应该是课堂气氛最活跃的时候。提出的问题中，一些是以前已经学习过的，这些问题学生自己就会给出解决方案；另一些是没有学习过的，即蕴含在任务中的新知识点，这也正是这个任务所要解决的问题，这些问题最好都由学生提出。在学生最初还没有适应教师的教学方式时，教师可以给予适当的提示。根据实际情况，提出问题时，要采用先粗后细、逐步求精的方法。对于某些任务，在这一步不可能把所有的问题一次都提出来。对于一些任务中存在的问题，学生只有亲自做到那一步才有可能提出问题，在完成任务的过程中再去提出并解决相应的问题。

（三）探索研究，完成任务

任务发布后，就需要学生通过阅读理解和实践完成任务。学生可以先通过自主探索阅读或者互助协作讨论开展阅读探究活动。学生围绕主题展开阅读学习,在文本中捕捉关键信息,进行尝试探索,完成对问题的理解、知识的应用和建构。学生之间存在着差异,对于在完成任务的过程中有困难的学生,可以利用小组互助或老师辅导的方式,帮助学生完成任务,提高学习积极性。

(四) 交流反馈,评价任务

评价在任务学习中是不可或缺的。在语文阅读教学任务完成后,应根据学生参与教学活动的态度,解决问题的能力、方法和创造性,进行反馈和评价,以便让学生了解自己任务完成的质量和水平。课堂评价是对学生能力的客观评价,应该既符合社会的要求,又有利于学生的个性发展。评价要客观、公正,既要点出学生的不足,又要看到任务完成过程中的优势。每个学生每完成一个任务,都必须交流展示,大家讨论评点,及时对学生的学习情况作出反馈,这样学生的创新能力和自学能力才能得到充分的发挥。

当学习过程中的任务在有序地被提出、分析、完成和评价中,学习的任务更具象,解决思路更清晰,评价更有效。在任务引领下,学习的自主性被充分地调动了起来,学习效率自然也就得以提高。

三、任务巧设,激活课堂学习

上述操作方法从任务的"提出、探究、完成、评价"四个方面对"任务学习"进行了介绍,下面,笔者以日常语文阅读教学为例,试对任务进行具体阐述。

(一) 情境创设,让任务发布更具体

任务是课堂教学的"导火索",是问题提出的表现。通过创设的问题情境,把所要学习的内容巧妙地隐含在一个个任务主题中,使学生通过完成任务达到掌握所学知识的目的。因此在使用"任务驱动"教学时,教师应首先向学生布置本篇文章、本阶段、本单元、本课程的学习任务,要求学生带着要完成的任务或带着要解决的问题去学习,以探索问题来引起和维持学习者的学习兴趣和动机。

将任务融于情境之中,不知不觉地将任务呈现出来,是开展任务学习法前的一个重要环节。在执教《南极风光》时，我先出示这样一段话："地球上的南极是一个白茫茫的冰雪世界。在那里，没有奔腾的江河和潺潺的溪流，没有茂盛的树木和青葱的小草，更没有长满各种庄稼的田野。"南极的环境和我们身处的环境是大相径庭的，为了引导学生进入到课文情境，我先让大家观看了一段介绍南极风情的视频，然后引导学生当一回南极旅游宣传大使，为大家介绍南极风光，吸引全世界人民到南极游玩。把对南极特点的描绘通过"当导游"这样的任务提出，吸引了学生的兴趣，话音刚落，班里就有很多学生跃跃欲试了。这样，既使学生了解了学习任务，又激发了他们强烈的表现欲。

再比如，执教沪教版四年级上册《观潮》这篇课文时，教师的语言讲解很难让学生体验到钱塘江大潮的壮观，为了让学生更好地进入课文的学习情境中，课前老师发布预习任务，布置学生观看微课程资源任务，学生通过观看微课程和相关的视频，产生视觉冲击，具象的呈现方式更容易让学生直接感受到钱塘江大潮的壮观景象，并且学生可以在任务下留言说说这是怎样的一种景象。教师十分钟的言语讲解所产生的效果，可能还不及一分钟的画面来得直观、有冲击力。在这样的情境创设和任务驱动下，学习的主动性也提高了许多。

在阅读教学中，还可以配合情境创设，在课前通过设置导学任务，引导学生去学习一些基础知识，同时了解学生对课文内容的掌握情况。在 AISCHOOL 平台的系统推送导学练习题给学生，通过学生的作答情况，可以了解学生这些任务的完成情况，从而使得教师的阅读教学更具有针对性和时效性。

（二）思维碰撞，让任务分析更透彻

任务学习法不是由教师直接告诉学生应当如何去解决面临的问题，而是由教师向学生提供解决该问题的有关线索，如需要搜集哪一类资料，从何处获取有关的信息资料等，培养学生自主学习的能力。同时，倡导学生之间的讨论和交流，通过不同观点的交锋进行思维碰撞，补充、修正和加深每个学生对当前问题的解决方案。例如在执教《武松打虎》过程中，为了全面了解武松是一个什么样的人，抓住武松喝酒和打虎两件事。课前让学生选读《水浒传》的经典篇目，请学生说说喜欢的《水浒传》人物，重点读《水浒传》中有关武松的故事片段，每人收集一部分，然后再集中讨论。这样学生一般都能够较全面地评价武松，在课中分享自己对人物的理解，结合老师课中的人物研讨学习,发布分组研讨,交流讨论武松是一个怎样的人。在任务学习模式教学中,老师是课程的参与者和合作者,学生才是学习的主体。通过课中任务学习,同伴之间对同一任务的分析和探究,使得他们学习的主动性在任务的驱动下变强,学生的学习目标也更加明确,学习兴趣也自然提高了。

(三) 探索实践,让任务完成更高效

在完成任务的过程中,可以针对任务类型采取不同的探究方式。在任务分析、了解了任务的具体要求的基础上,尝试探索。例如,在执教四年级上《鸟的天堂》一课时,为了通过课文学习本单元重点——分清课文主次,在课前我设计了给课文分段的教学环节。

(一)学生按下列要求预习课文

1. 熟读课文,做到字字音准,句句通顺。

2. 按下列提纲给课文分段,标出段落起止。

1)我们乘船去"鸟的天堂"。 (1—4 节)

2)我们看见了一株大榕树,觉得"鸟的天堂"里没有一只鸟。 (5—7 节)

3)我们划着船,第二次经过"鸟的天堂"。 (8—9 节)

4)我看见了鸟在榕树上活动的热闹场面,感叹"鸟的天堂"的确是鸟的天堂。

(10—12 节)

课前让学生先熟读课文,通过 BYOD 平台发布的预习单完成指定学习任务,同时引导学生关注课文段落,建立篇章意识,课中通过交流讨论本文分段依据和分段结果。在完成任务探究的基础上,学生的交流变得更有效,学生的参与热情度也得到提高。为了进一步通过段落来达成单元学习目标——分清课文主次,老师在分段任务达成的基础上,提出下一个任务:本文四个段落中,哪些是主要的,哪些是次要的? 说说你的依据。学生在接受和探究这个任务的过程中,往往返回课文再度探究,通过进一步阅读找到段落的主次差异。对于理解能力稍弱的学生,教师此时可以发挥其引导者和组织者的作用,让学生结合本文的题目去判断文章的主次,这也是一种有效的学习方法。在自主探究、合作学习和老师引导的多渠道模式中,学生的任务达成就更加高效了。

（四）交流反馈，让任务评价更有效

对学习效果的评价主要包括两部分内容，一方面是对学生是否完成当前问题的解决方案的过程和结果的评价，即所学知识的意义建构的评价，而更重要的一方面是对学生自主学习及协作学习能力的评价。阅读在交流碰撞中容易产生新的火花，为了巩固分享阅读成果，开展了各种各样的展示活动。通过多种互动形式，让个性化的阅读体验交流起来，使之成为一个思维交流的平台，并且通过多种表现形式、学习形式，让兴趣、特长不同的学生都能有所实践，并在活动过程中互相欣赏与学习。比如开展"水浒线上故事会"、"水浒名人传"、"水浒知识竞赛"等等。课余布置一定量的阅读作业，让学生从文本中选取自己最感兴趣的故事情节或是喜欢、讨厌的人物写出读后感，然后利用语文课的时间与老师同学交流。一开始一些学生由于自己的阅读见解很少得到老师的肯定，往往表现出胆怯和自卑。我会在每个学生发言完毕之后让其他同学来说说他的优点，充分肯定他们，这样在人物的驱动中，学生会不断得到获得感，自信心逐步建立，渐渐地消除对阅读的畏惧，对阅读也更加积极投入。

综上，任务学习是一种非常有效的学习方法，任务学习模式的渗入，让学生参与和合作的机会增多，极大地激励了学生的学习积极性，使学生真正成为了学习的主人。

温馨提示

虽然任务学习给学生的学习带来更多的优势和变化，但在按照上述操作步骤实践时，还须注意以下几个方面：

1. **任务数量不宜多，形式不能太单一**。在阅读教学中，学习任务不是额外的学习负担，不是简单的学习追加，更不是单一的、割裂的语文学习形式，而是贯穿于语文教学全过程之中。因此，在下达教学任务时，以一次一个为宜，不过一下太多。

2. **任务设计要尊重差异，结合实际**。要对学生的学习情况有所了

解,尤其关注学生的差异。为让不同层次的学生都有所收获,我们的任务往往都是将规定任务和自选任务相结合。

3. **任务完成评价要及时、多元**。可根据任务特点,采用学生自评、生生互评、家长和老师评价的多元化评价。

(撰稿者：黄秋凤)

第四章　跨界：激发灵感于多维互动之中

　　跨界，顾名思义，就是跨越边界，可以是跨行业、跨领域、跨文化，甚至是跨时空。它具有拓展眼界、激发灵感、挖掘潜力、提升能力的特点。它是由此情境到彼情境，是通过在一定情境中的"表现"来主动获取知识，是由点、线到核心的结合，是由直觉思维到创造思维，将学生的"学"引申到学生的"习"之活动，是在快乐体验中自我实现的创新之灵感，更是为了满足学生个性化的学习需求而搭建多样化的合作平台。

　　　　表现学习：指尖上的节奏体验

　　　　导图学习：图式构建学习目标与内容

　　　　构图学习：以形象构图为学习助力

　　　　混合学习：思绪在多维学习中飞扬

　　　　游戏学习：娱乐互动的跨界共融与深化

　　　　众筹学习：艺术创意不设限

跨界，可能是此时代的一个关键词。顾名思义，就是跨越边界，可以是跨行业、跨领域、跨文化，甚至是跨时空。它具有拓展眼界、激发灵感、挖掘潜力、提升能力的特点。因此，跨界与创新往往联系在一起。

跨界学习是互联网时代的新型学习思路，根据学习主题，整合学习资源，采用多种学习方式，最终达到学习效果。从教和学的角度引申出"混搭教学"和"多维学习"的概念，以打破不同学科教学与技术应用的界限，实现生动、多元的知识构建，有效提高学习资源的利用率，让学习者通过学科内部、学科之间、课堂学习与在线学习、理论与实践之间的知识整合，实现融会贯通。

变式学习是由此情境到彼情境的跨界。通过"变"教学内容、"变"教学方式、"变"教学结构、"变"教学评价的"变式学习"模式，引领学生形成、同化、精致数学概念，促进其认知发展，培养学生从不同途径或角度寻求问题解决的方法，多问、多思、多用，激发学生的思维，培养其应变能力。

表现学习是通过在一定情境中的"表现"来主动获取知识的跨界。结合音乐学科特点，寻找适合教学的音乐 APP，围绕 APP 中的打击乐器"鼓"的特点，加上音乐书本中可以伴奏的歌曲，实现了线上线下的演奏，打破了课堂时空。

导图学习是由点、线、面到核心的跨界。"导图学习"模式有利于学生知识的结构化、系统化、规律化和开放化。它用思维想象作为线条，建立知识的发散框架，使概念更简明、易掌握。

构图学习是由直觉思维到创造思维的跨界。尝试用简单的图像直观地显示题意，有条理地表示数量关系，从中发现解题方法。运用图形把抽象问题具体化、直观化，从而使学生能迅速地搜寻到解题的途径。

混合学习是将学生的"学"引申到学生的"习"的跨界。由此，借力新技术，组织少先队员"线上"宣传、"线下"响应，让少先队的活动更有意思，也使少先队组织更有凝聚力。

游戏学习是在快乐体验中自我实现的跨界。我们知道，最好的学习动力莫过于学生对所学知识有内在兴趣，而最能激发学生这种内在兴趣的莫过于游戏，充分利用游戏化学习特点，弥补师生教学反馈环节简单问答，用丰富、可爱、符合小学生审美情趣的画面进行教学目标达成，知识版块梳理。

众筹学习就是为了满足学生个性化的学习需求，搭建多样化的合作平台的跨界。把美术学习延伸到了课堂以外，体现了学生的主体性，增强了学习的参与度，在跨时空的"众筹学习"模式中，提高学习效率，使学生享受学习带来的乐趣。

当然，世界是多彩的，跨界的方式有无穷多种，这正展现了鲜活的课堂变革实践的可能。《跨界，激发创新之灵感于互动之中》向人们阐述了跨界学习的两个部分——"向外学习"与"向内转化"。基于 BYOD 学习模式，探索各种有效的"跨界"学习路径，在互联网背景下，将学生"带出去"，经过几个来回的学习之后，再将学生"带回来"，让学生充分体验将学习内容转化为学习效果的过程。

总之，跨界是一剂"药"，用好了可以有奇效。它形式活泼、内容新颖、深受学生的喜爱。然而这对"药剂师"却是很大的挑战，"诊断"（诊断学习问题）、"选药"（开发学习资源）、"制药"（实施跨界学习方案）、"持续观察"（学习成果），每个环节都不能马虎，只有丝丝入扣，才能最大限度地保证效果，实现真正的跨界。

● 范式 4-1 ─────────────────────────────

表现学习：指尖上的节奏体验

多年的音乐课堂教学让我发现，孩子们在我的音乐课堂教学中，常常会有一种渴望，渴望表现、渴望展示、渴望被肯定。特别是低年级学生参与乐器表演的时候，常常因为得不到想要的乐器演奏而失落。面对各班普遍都会遇到的问题，我在想：如何满足每个学生的愿望呢？在一个长时间的阶段，这样的困惑让我十分苦恼。

随着信息化的不断进步，近几年我校推行了 BYOD 学习模式研究背景下的教学新模式。我发现，这样的终端人手一个，学生们在 Pad 上就能操作乐器，这使得我之前遇到的困惑都迎刃而解了。更重要的是，学生可以实现线上和线下的演奏，打破了课堂上"表现"的时空的局限性。

一、表现，让学习更加主动

表现性学习就是通过在一定情境中的"表现"（Performance）来主动获取知识。这种学习方式所信奉的基本理念是：儿童是天生的表现者，学生是表现的中心，教师是表现的促进者。而在音乐课中的表现学习则是更多地给予学生课内外展示机会，给予更多的表现机会。围绕我校的电子书包项目，在 BYOD 学习模式研究背景下的音乐课堂表现性学习，具有三大优势：

（一）实现人人参与表现

学生每人手持终端，好似随身携带电子乐器，每时每刻都有机会尝试，实现课内课外的展示与表现。他们在课堂上通过节奏、音高、不同乐器的转换，为课内课外的音乐伴奏，这样的形式更能激发起学生自主学习的兴趣，让学生随时随地去感受、理解、表现音乐。通过音乐的体验，发挥了他们的表现力和创造力，也尊重了学生之间的差异，让他们变被动学为主动学，起到了事半功倍的效果。

（二）实现小组创编合作

Pad 中的节奏乐器软件，实现了现场即兴演奏。根据作品的所需设计不同的节奏伴奏，在实践和探索中展示各自的学习成果，并进行小组合作、集中展示，实现指尖上的节奏表现。在每一个学习的环节，学生都在探索和体验、合作和展示，这样的行为同样也让老师在第一时间得到教学效果的反馈，从而对接下来的教学行为做出相应调整。

（三）增强每一个孩子的自信心

Pad 作为新型的电子产品，对于小学生来说，本身就有强大的吸引力。这种手指在电子设备上滑动的趣味性让学生非常愿意去尝试，在学习中不断找到乐趣。在课堂上通过节奏、乐器的转换，为课堂中或课外的音乐进行演奏表现，让孩子们完全沉浸在音乐之中，有效激发学生热爱音乐、热爱乐器的兴趣，让学生在模拟演奏中体会到做"小乐手"的成就感，从而也增强了每一个孩子的自信心。

总之，BYOD学习模式研究背景下的音乐课堂表现性学习改变了传统音乐课堂的教学模式，通过学生的表现性学习，学生学会了主动获取知识，从单一到多元、从个别到整体，让学生成为了课堂的主导者，让课堂更加充满生机和活力。

二、创新，让探索更加有趣

表现学习强调以学生的表现为中心，让学生在民主、和谐、宽松的氛围中学习，让学生爱表现的天性得到充分释放。

基于学校 BYOD学习模式研究背景，结合音乐课中的表现学习，音乐教师根据学科以及年段特点，积极参与实践与研究，寻找适合教学的音乐 APP 小软件，在软件中寻找对于音乐零基础的孩子也能尽快上手的一种乐器。我们发现了小软件中的打击乐器鼓(Drums)的演奏最适合也最方便，于是结合音乐书本中可以伴奏的歌曲，对一至五年级的作品进行节奏的编配与探索。

(一) 寻找简单适合的节奏软件

在 APP Musical pro 软件项目中，我们发现 Drums 鼓的学习是最适合初学者的。它不涉及学生的音乐基础，我们只需要结合课堂中的节奏练习，让学生在熟悉节奏和 APP 键盘的基础上进行敲击和练习，在玩中学，掌握一些简单的节奏以及不同鼓的不同音色特点。

学生自己在寻找和尝试中逐步去体验和感受，也掌握了一些基本的节奏，这对于音乐的学习和后期的伴奏都奠定了基础。

(二) 设计合理有趣的节奏乐谱

在探索阶段，我们通过作品的难易程度进行递进教学，根据一到五年级的教材设计了适合该年龄段特点的节奏型，并结合课本中的适合鼓敲击的歌曲进行乐曲的伴奏。

围绕一到五年级学生的不同程度，设计了相关节奏练习及曲目安排，根据学生的年龄特点和差异，设计不同的作品和不同难易程度的节奏，相对来说学生还是比较容易完成的。在这个过程中，学生的兴趣和参与度也很高，效果明显。

(三) 探索扎实有效的学习方式

扎实有效的学习方式是推进学习的源动力，在学生学习的过程中，可以通过三个步骤层层递进，让学生由易而难逐步解决练习过程中的问题，轻松掌握键盘乐器带来的自信与快乐。

1. 认识打鼓乐器的键盘位置

学生在学习之前，进入 Pad 中的绿色应用，找到 APP Musical pro 软件，进入里面，看到其中的鼓乐器 Drums 的图案进入，认识记忆键盘的 8 个位置，包括 Crash，Tom2，Tom3，Ride，Hi-Hat，Snare，Kick，Tom1。在熟悉键盘的基础上，老师进行及时的抽查，比如在黑板上呈现 8 个位置，遮住或擦去某几个键盘位置让学生找出，或者随机说出键盘的名称让学生快速在键盘中找到位置。

2. 听辨打鼓乐器的音色差异

打鼓软件 Drums 中的 8 个位置虽然都是鼓，但是音色却不一样，有小军鼓、定音鼓、大鼓等，因此不同的鼓适合的歌曲和音乐就有所不同，学生要想寻找到最合适的鼓为音乐伴奏，就需要在熟悉键盘的基础上听辨出每一处不同的音色特点，了解到每一种鼓的音色适合伴奏什么样的乐曲或歌曲。比如小军鼓的音色适合伴奏进行曲风格的作品，定音鼓的音色适合演奏管弦乐作品，等等。学生在了解了音色差异并分辨出不同鼓适合不同风格作品后，他们选择作品为其伴奏就显得游刃有余了。

3. 尝试多种音色的伴奏模式

在学生们熟悉键盘位置、了解鼓的音色的基础上，让他们在课内外寻找不同风格的作品进行伴奏，不限定使用哪一个鼓、哪一个音色的乐器去练习，而是鼓励学生尝试多种音色的伴奏模式。这一做法的目的就是让学生去聆听，去感受，去创造。学生不限定乐器，不限定音乐种类，用多元化的手段去发现和挖掘，他们演奏出来的音响效果比老师想象得还要丰富。在这一过程中，学生也学会了去选择合适的、好听的音色和乐器为音乐伴奏，提升了学生的乐感。

总之，在课内我们一般会结合音乐书本内容进行作品选择，通过结合书本歌曲的练习和分层教学，学生的节奏练习更有针对性。很多学生在为歌曲伴奏时大胆尝试用不同的鼓声改变伴奏的音色，部分有能力的同学还改变了一些节奏型，APP 音乐软件在推进的过程中显得更有实效。在信息化的推动下，巧妙地结合了音乐学科的节奏练习内容，这样的创新，让学生学习更加有趣，让更多的孩子都有机会做一做小鼓手，体验成功的乐趣。

三、合作，让课堂充满活力

课堂是教学的主阵地，在实践的过程中，通过信息技术的推进，学生对 APP 节奏小软件产生了浓厚的兴趣，他们喜欢这样人人参与练习的机会，敢于尝试用不同的鼓声为喜欢的歌曲伴奏，学会与他人进行合作，使得我们的音乐课堂变得更加丰富了。

以二年级唱游课程——歌曲学唱《在欢乐的节日里》为例：

这是一首印尼民歌,歌曲欢快活泼,充满活力。在学习的过程中,学生用 Pad 进行了节奏的配器,教学片段是这样的：

(一) 进入键盘,认识位置

师：同学们,今天我们要学习一首欢快的印尼歌曲,我们请来了 Pad 中的虚拟乐器,今天要尝试为歌曲进行伴奏,先请大家拿出 Pad,找到乐器。

生：(进入 Pad 软件中的绿色应用,找到 APP Musical pro 软件;操作,看到其中的鼓乐器 Drums 的图案进入;认识记忆键盘的 8 个位置：Crash　Tom2　Tom3　Ride　Hi-Hat Snare　Kick　Tom1)

(二) 听辨歌曲,尝试演奏

师：我们已经找到了键盘的位置,现在需要大家分别敲击每一个键盘,听听它们音色的变化,看看哪一种鼓的音色更适合为这首歌曲伴奏。

生：(敲击键盘,分辨虚拟乐器中不同的音色特点)

师：(播放歌曲《在欢乐的节日里》)

生：(在体验中寻找合适的鼓为歌曲伴奏)

生：(尝试演奏)

师：(巡视指导)

生：(设计节奏型,用虚拟乐器鼓的音乐为歌曲伴奏)

师：(再次播放歌曲)

(三) 师生合作,完美演绎

师：现在有许多同学都已经自主尝试演奏了,这里我出示一个老师设计的 4/4 拍基本节奏型和我选择的鼓的键盘位置,你们可以选择这个节奏伴奏,也可以在这个基础上进行创编,丰富音乐的表现。

1. 初步尝试,奠定基础

师：(出示节奏　节奏型：4/4　Ⅹ Ⅹ 0 0 | Ⅹ Ⅹ 0 0 ：‖

　　　　　　　　键盘位置：Hi-hat)

生：(尝试演奏)

在这个环节,学生自己先在 8 个键盘的位置上寻找合适这首歌曲的一个鼓声,最后确定键盘位置 Hi-hat 最合适这首歌曲的伴奏。在第一次尝试中,学生中规中矩,没有进行创编,但是却能感受到人手一个乐器的快乐,充分表现自己的伴奏能力。

2. 创编节奏,丰富音乐

学生已经有了一定的演奏基础后,就开始尝试进行创编。在这个环节中,学生分组练习,并设计了各组的新节奏,也选择了多个键盘的位置演奏。

第一小组：节奏型：4/4　Ｘ Ｘ Ｘ 0|Ｘ Ｘ Ｘ 0：‖

第二小组：节奏型：4/4　0 0 Ｘ Ｘ|0 0 Ｘ Ｘ：‖

第三小组：节奏型：4/4　Ｘ 0 0 0|Ｘ 0 0 0：‖

第四小组：节奏型：4/4　Ｘ Ｘ Ｘ Ｘ|Ｘ Ｘ Ｘ Ｘ：‖

键盘位置：Hi-Hat、Snare、Kick、Tom1

这个环节给了学生一定的空间,伴奏的音色和节奏也变得更丰富了。

3. 小组合作,展现多元

在学生进行基础练习、创编节奏后,四个小组的成员根据自己的节奏共同敲响键盘,进行小组合作演奏。当音乐响起时,学生指尖敲出了不同音响和节奏,让音乐融合得更加悦耳、更加丰富,实现了电子乐器多元化的展示。

总之,通过小组的合作与尝试,课堂充满了生机与活力,学生们学会了根据歌曲设计不同的节奏,并尝试在不同的键盘位置进行练习,展现出了不一样的音响效果。每个小组结束后在班级前进行了展示汇报,使得他们有了更多的表现机会,激发了学习兴趣,增强了信心。这样的尝试与练习,让每位学生都有了自我展示、自我表现、自我尝试的机会,也让信息技术与音乐课堂结合得更有效。

温馨提示

我们以课堂为教学的主阵地,逐步推进与提高,但在推进的过程中,由于信息设备的不确定因素,需要完善的内容还有很多,比如：

1. **设备的音量影响演奏**。用 Pad 敲击节奏时，声音比较轻，影响课堂效果。我们在推进过程中不断完善，对于声音小的问题，已经寻找到有蓝牙功能的音响，在音乐课上配合播放，解决了声音轻的问题。

2. **设备的延迟影响效果**。在全班进行敲击时，由于电子设备会有延迟现象，整体打击不够统一。后续我们会根据课堂中出现的问题，与实体的乐器进行衔接，解决音响延迟的问题。

（撰稿者：崔　征）

范式 4–2

导图学习：图式构建学习目标与内容

导图学习在教学中可以说无处不在，它以其丰富的内容含量和直观的表现形式受到了学生的喜欢。如果说文字、语言侧重于逻辑表达，那么导图学习则以直观形象见长。

在常规的教学中，文科教学强调严谨的逻辑表达，往往没有把导图学习放在重要的位置。理科教学中虽然老师擅长用"图、表"来说明问题，但是对同一单元知识内容的梳理往往不能达到知识的系统化、结构化、规律化、开放化。

基于我校开展 BYOD 的常规化教学，借助 AISCHOOL 平台网络的及时性、界面的直观性、学习方式的灵活性，本文试图研究导图学习在小学数学学习中发挥的意义和作用。

一、导图，让思维更清晰

导图作为一种科学的思维工具，借助图式将知识散点按照一定的结构组织起来，不是个体力量的简单叠加，而是呈几何级数增长。导图学习就是把看似分散的知识点连成线、结成网，使知识结构化、系统化、规律化、开放化，进而方便学习者直观清晰地把握学习目标和内容。

布鲁纳指出，学习就是建立一种认识结构，掌握学科的基本结构以及研究这一学科的基本态度和方法。针对小学数学课堂和小学生行为与心理模式特点，有效运用导图学习方法，结合 BYOD 教学实例，来分析导图学习在具体操作环节中的应用细节，为课堂改革与创新提供新的理论依据。

导图学习从数学知识的架构和逻辑关联上的意义主要体现在以下四个方面：

（一）导图学习有利于学生知识结构化

导图学习是一种高效率地表达思维轨迹的思维工具，每张导图只能有一个主题。主题部分一般都是图形，被放置在一张导图的中央。剩下的部分为导图学习的分支。分支由关键词和紧贴在关键词下面的曲线组成，每一个分支的发散都是基于一个核心思想，同一个层次的分支是并列的关系，每一个分支的下一个分支都是对该分支的进一步补充和说明。

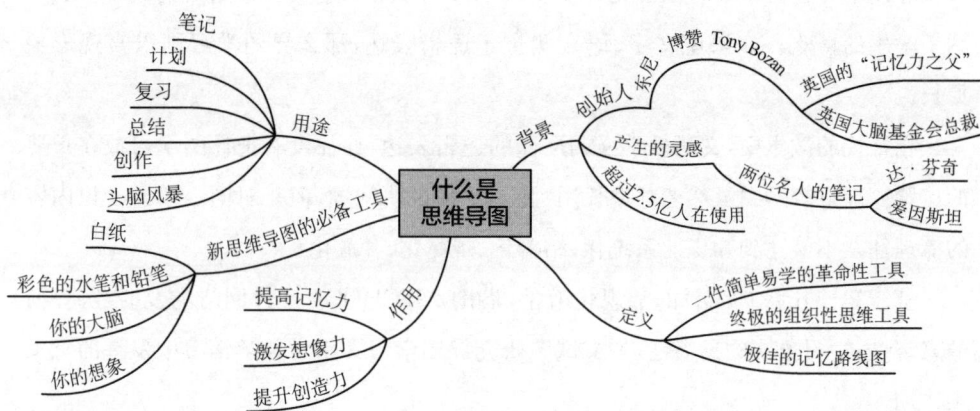

（二）导图学习有利于学生知识系统化

小学数学知识点设计在小学教材中呈螺旋式结构编排，同一知识在不同学段会因为思维发展的需求再深入学习。导图学习可以对这些知识点进行整理，从系统上将不同学段繁琐的知识碎片串联，使学生轻松地纵览全局，从知识的架构层面，将同一知识点进行系统化学习巩固。

（三）导图学习有利于学生知识规律化

小学数学学习中也会存在不同知识概念但却有相同的学习结构，这时可以通过导图学习进行知识规律化。复习时运用 AISCHOOL 发布导图,将不同知识点关联起来,从而构建成规律化的方法,从思维上方便学生记忆知识本体,加深知识点印象。这样将过多的语言用简单的图形替代时,能帮助学生更有效地学习,让大脑思维更加清晰,使得学生知识规律化。

(四) 导图学习有利于学生知识开放化

借助导图学习可以在有效时间里让学生清晰学习内容,清楚内部知识结构,还可以根据实际需求和学习的深入,将学习的内容更加开放化。长此以往,会大大激发学生探究思维,扩充知识体系,丰富知识面。学生有了科学的学习方法,不再陷入题海、死记硬背、机械训练,学习能力在一定程度上得到提升。

总之,小学数学新课标中,要求教师帮助学生树立数学意识和模型思想,建立空间观念,并逐渐形成数据分析的习惯,积累数学活动经验。导图学习用思维想象作为线条,建立知识的发散框架,使概念更简明,更易掌握。

二、用导图构建教与学的脉络

在实际教学中,很多教师大多采用传统提纲式文字为主的板书,学生往往抓不住重难点。借助导图学习,可以让课堂呈现更加清晰,重点突出,让学生学习得更加流畅,同时清晰这节课的知识结构和必会知识技能。

(一) 整理学习轨迹,知识结构化

BYOD 教学模式分为课前、课中、课后三个板块的教学,在实际教学中,AISCHOOL 平台保留了很多学生学习轨迹,可以将这些学习轨迹加以整理归纳,将各种零散的智慧、资源等融会贯通成为知识结构。学习轨迹的整理是基于真实学习,这样构建导图更有助于学生形成结构化知识体系。运用 AISCHOOL 平台,课上发布知识导图,加强课中知识落实,帮助学生加强整体知识机构化,从容量上帮助学生加快消化知识点。

(二) 甄别教学混点,知识系统化

小学数学教学中每完成一个单元知识的学习,都会进行知识点的综合复习。而导图最直观的就是将核心关键突出，从核心开始发散，同一层次的标题一致。借助导图分明的层次感将知识点梳理清晰，课前通过 AISCHOOL 平台发布导图预习，让学生从系统知识结构的角度来开展预习，有助于提高预习效率。帮助学生构建自由、严密的数学思维架构，对其快速掌握学习目标和内容具有切合实际的作用。

（三）沟连理论共性，知识规律化

数学概念的教授常使用"教结构、用结构"的方法，借助导图学习将知识规律化就是将相同的概念使用同一的结构方法来进行绘制总结。借助 AISCHOOL 平台课中给学生发布导图，对比获取学习路径，不仅可以让学生做到心中有数，还可以做到融会贯通知识点。

（四）拓展思维路线，知识开放化

导图学习不是将知识框死在一个架构中，而是动态延展思维，即将知识面开放化。导图学习同一个分支下的子目录都是对上一个标题的具体和细化，根据这个线索就可以对该标题的所有资料有一个逐层的渐进细化的了解，而大的学习框架将各个标题与核心目标关联就给了我们一个清晰的思路。借助 AISCHOOL 平台，课中将导图发给学生，让学生在教师基本板块内进行自由的添加，扩展自己的知识结构深度。

总之，导图学习从直观的架构到知识的形式丰富，从线性的思维学习模式到发散的学习模式，从知识的接收到知识的吸收存储都发生了很大的改变，可以从不同的方面来提升学生的学习能力、学习成效、运用效果。

三、善用导图规整知识框架

导图学习作为有效的学习工具，运用图文并重的技巧，开启大脑的学习潜能。运用逻辑架构能够将知识系统化，从系统整体的思维角度去学习知识，长此以往，帮助学生形成良好的学习习惯同时提升学习兴趣，让学习变成轻松快乐的事情。

（一）系统化

例如，小学数学第六册《周长》的单元复习导图：

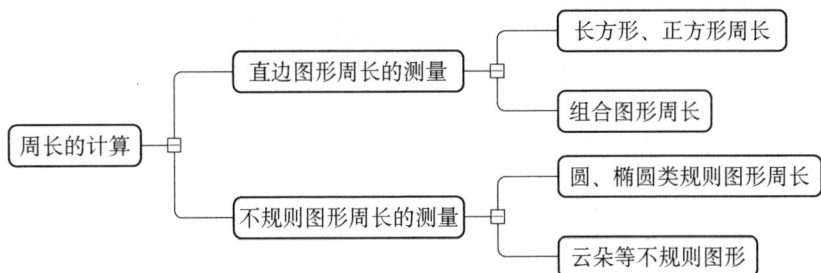

该单元的几何小实践主要包含的知识点为周长的学习,而周长所包含的章节为:周长概念、长方形和正方形的周长。学完整个单元后,借助导图可以将周长的概念的关键点用图示的方法构建起来,这样我们从图中可以清晰地看到知识的重点和难点。通过导图上的层次结构,把周长章节知识易混淆的点清晰地区分开来。

(二) 结构化

例如,小学数学第六册《周长》的课前、课中教学导图案例:

《周长》第一课时的学习中,教师课前发布预习,学生通过自学微视频了解了周长的基本概念后,在 AISCHOOL 平台上提交了自己对于周长的疑问:

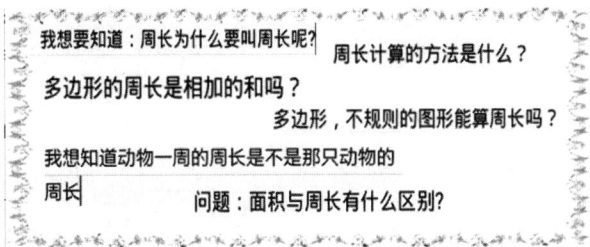

整理学生问题,构建课前学生疑惑导图,主要从三个方面展开,分别是周长的概念、周长的计算方法和周长与面积的区别。借助导图清晰地聚焦学生问题,用构建导图的方法将课前知识结构化,符合学生实际学习需求和实际教学过程。

根据教学设计的导图,学生可以获取周长新授课的学习路径。教师根据学生课前导学所产生的问题,让他们提出存在的疑惑,课中围绕这些问题展开教学,在由浅入深地解决这些问题的过程中,学生习得完整的关联知识串。这体现了知识习得的学习路

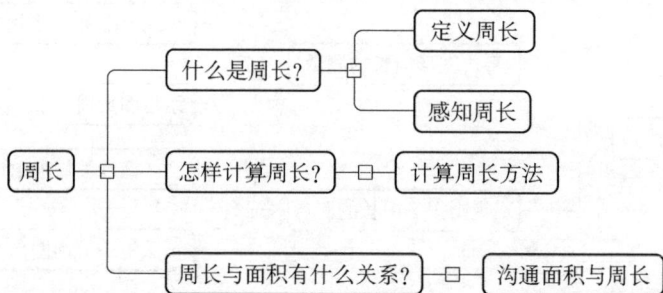

径,能够层层深入,同时也便于学生课后回顾这一课的学习内容,做好小结。教师可把课中的整个导图发给学生,便于课后巩固,也可以让学生回家自己根据上课的知识习得,画出导图,自我梳理总结。

(三) 规律化

例如,小学数学第六册《周长》课后练习的导图案例:

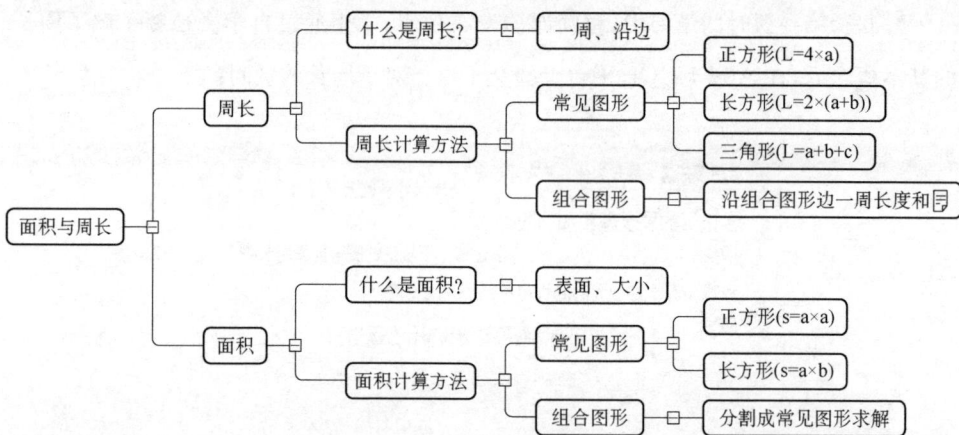

学生在《周长》练习中,常常会将图形的周长和面积混淆,进而导致做题时答非所问。针对周长与面积的混淆点建立导图,学生从导图中可以直观地辨析面积与周长的学习结构的相似之处,同时也可以清晰地甄别出面积与周长的最大不同之处在于常规图形的计算方法和组合图形的计算方法。由于前期学生对面积的概念和学习方法有了一个清晰的学习路径,沟通周长和面积的关系,借助导图让周长的学习路径变得规律化,让学生可以仿照"面积"的学习路径,在辨析中总结周长的学习方法,让周长的概念的学习变得有规律可循。

(四)开放化

例如,小学数学第六册《周长》课中教学的导图案例:

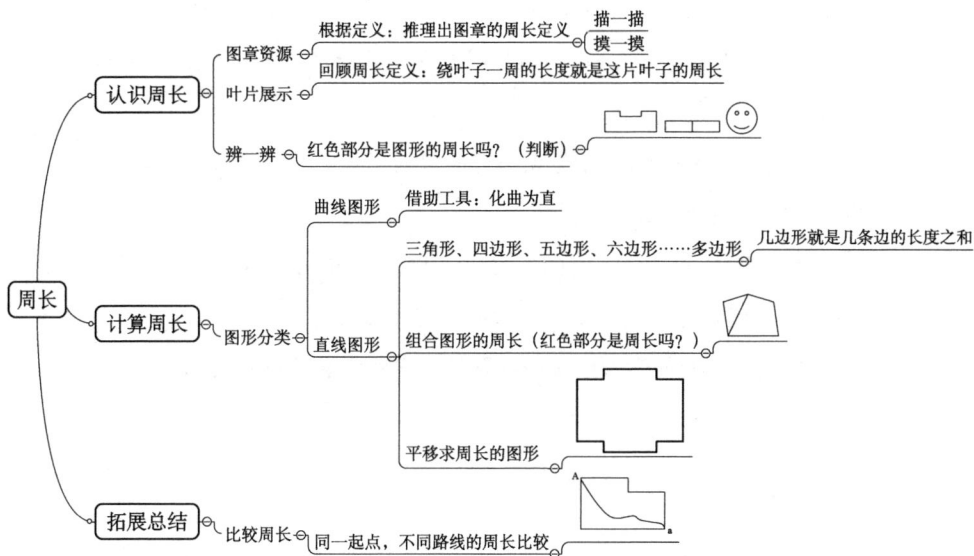

课前虽有了教学设计的导图框架,但也只是给学生提供了一个简单的学习目标。一堂课结束之时,很多时候老师会三言两语总结知识本体,造成学生对于课堂的知识细节不能回顾到位。借助导图学习的开放性,我们可以在教学设计的导图中继续开放化,用图文方式构建细化的导图,让学生能够对课堂有一个整体的清晰回顾和总结。课后推送课程总结导图给学生,方便学生进行自主复习。

总之,掌握导图的学习原理后,我们不仅能很快地获得好的学习方法,同时在复习的时候我们不用花很多的时间再去回忆和学习旧知识,而可以直接按照之前学习的思维痕迹进行复习,达到快速便捷的复习。

温馨提示

虽然导图学习补充了我们的学习模式，给学习带来很多的乐趣，并能在一定程度上提高学习效率，但是我们在运用导图学习时应该注意以下几方面：

1. 初始教学中应该给学生做一些简单的思维导学的模式培训，以便学生能很快地接受这类学习模式。

2. 导图学习只是在一定的程度上帮助我们开拓思维，提升学习效率，前提是构建的导图一定要有逻辑的整理和编排。

3. 导图中涉及的学习图像应该贴近学生的年龄特点和实际需求。

（撰稿者：刘大宁）

⟨⟩ 范式 4-3 ————————————————————————————————

构图学习： 以形象构图为学习助力

华罗庚先生曾说："数缺形时少直观,形缺数时难入微。"这说明数形结合的方法可以把抽象问题具体化,把具体问题系统化,构图学习正是数形结合思想的具体应用。虽然传统课堂关注数形结合,但是静态板书难以动态、鲜明地呈现问题。

基于学校 BYOD 模式研究的背景,发挥技术的"沟通媒介"和"脚手架"作用,尝试构图学习的实践研究,让学生借助微课程对构图的动态演示进行构图学习,尝试用简单的图像直观地显示题意,有条理地表示数量关系,从中发现解题方法。运用图形把抽象问题具体化、直观化,从而使学生能迅速地搜寻到解题的途径。

一、发挥图形的直观作用

构图学习,指的是构造与数量关系对应的图形,用图形中反映的数量关系来解决数学问题的方法,也可以说是数形结合法。构图学习的优势有以下四个方面:

(一)借助构图,使抽象的数学语言直观化

小学阶段的学生年龄小,理解能力有限,而且社会经历也少,学习应用题有一定困难。在这种情况下,引导学生用构图表示题中数量,能使题目中的数量关系更直观、更形象。

(二)借助构图,使复杂的数学问题简单化

小学生的思维处于具体形象思维向抽象逻辑思维的过渡阶段,对那些抽象问题的

理解确实有困难。假如教师一味地从题目所叙述的字面上分析题意，表面上看来很多学生是明白了，其实他们是没有真正理解的，当要求学生独立解答时，他们又表现得稀里糊涂。此时我们利用构图来呈现题意，可让学生一目了然。

（三）借助构图，使模糊的数量关系清晰化

有些题目中的数量关系比较复杂，学生难以理解。借助构图分析理解题中的数量关系，可以使模糊的数量关系清晰化。运用构图解决问题，可以帮助学生准确判断，发展学生的思维，将其所学知识运用于解决生活中的实际问题，在此过程中体验数学学习的快乐。

（四）借助构图，使单纯的数学知识能力化

构图不但使学生解答应用题不再困难，而且借助构图，可以对学生进行多种能力的培养。如一题多解能力的培养，根据构图来编应用题进行说话能力的培养，还可以直接根据构图进行列式计算。构图的美观大方，结构合理，还可以对学生进行审美观念、艺术能力的训练。

总之，构图学习是将数量关系反映在图形上，表达的数量关系更直观，有更大的想象和创造空间，更易激发创新的灵感，更有利于创造思维和直觉思维能力的培养。

二、掌握一个解题方法

掌握一个解题方法，比做一百道题更重要。基于 BYOD 背景下的构图学习具有直观性、形象性、实用性，如果学生从小掌握了用构图辅助解题的方法，分析问题和解决问题的能力将会有大大的提高，对今后的学习生活将有很大的帮助。具体可从以下五方面实践操作：

（一）模拟情境，理解术语

英国教育家洛克说得好："教育儿童的主要技巧是把儿童应做的事都变成一种游戏似的。"任何束缚学生手脚，只让他们冥思苦想的教学方式都是不科学的。应该创设学生喜欢的生活游戏活动，引导学生愉快地参与，使其在宽松、自由、愉悦的学习氛围中积极主动地学习数学。可以请学生登台表演，巧妙地解释这些易混易错数学术语，学生在情趣和游戏中可以迅速理解数学知识。

（二）动态演示，感知特征

利用几何画板、Powerpoint、录屏等软件，将题目信息以动态形式演示出来并给予指导。通过 AISCHOOL 平台，以动态视频的形式推送给学生，学生通过观察、学习，感知此类题型的基本特征。

（三）简洁构图，梳理关系

如果教师一味地从字面去分析题意，用语言来表述数量关系，虽然自己讲得口干舌燥，学生却往往难以理解掌握，事倍功半。即使是学生理解了，也只是局限于会做某道题了。俗话说，授之以鱼，不如授之以渔。在问题解决过程中，利用构图将题中蕴涵的抽象的数量关系以形象、直观的方式表达出来，能有效促进问题的解决，帮助学生愉悦地学习数学，树立学好数学的信心。

（四）变式练习，建立模型

所谓变式就是使提供给学生的各种感性材料不断变换其表现形式，使非本质属性变化，本质属性恒在。通过变式练习，能使学生排除非本质属性的干扰而看轻本质，不仅能深化所学的知识，而且还能培养学生灵活运用所学知识解决实际问题的能力。

（五）拓展学习，揭示本质

掌握一个解题方法，比做一百道题更重要。比如，不少学生遇到相遇问题的应用题会想到用构图来辅助解题，而其他类型的题目就想不到应用。实际上，不但相遇问题可以应用构图帮助分析题意，而且还可以迁移到两队工人修路、两人一起打字等其他类型的题目中。通过 AISCHOOL，将以上题目构图方法指导的微视频推送给学生，学生学习微视频后，解决问题。

总之，基于 BYOD 模式的构图学习可以把问题的内容具体化、形象化，对学生理解题意，明确数量关系，理清解题思路，十分有益。合理利用它，通过构图使问题明朗化，助学生一臂之力。

三、建立图形与数学的关系

现就五年级第二学期《列方程解应用题——相遇问题》一课为例,详细阐述具体实施方法。

两个物体从两地出发,相向而行,经过一段时间,必然会在途中相遇,这类题型就把它称为相遇问题。相遇问题是在学习了速度、时间和路程的数量关系的基础上进行教学的,由一个物体运动的特点和数量关系为基础来探索两个物体运动的特点和数量关系。对于相遇问题对学生来讲可能是一个难点,那么如何更好地理解数量之间的关系就成了学懂这一知识点的关键。

(一) 模拟情境,理解"相遇问题"的术语

本课围绕如下例题展开教学:

> 沪宁高速公路全长约 270 千米,一辆轿车和一辆客车分别从上海和南京两地同时出发,相向而行,轿车平均每小时行 100 千米,客车平均每小时行 80 千米,经过几小时两车在途中相遇?

解读"相遇问题"的相关术语:

两地(出发的地点):轿车在上海,客车在南京出发

同时(出发的先后顺序):同一时间、一齐开始。

相向(出发的方向):面对面

相遇:在途中在相遇上或碰面。

让两名学生分别扮演轿车和客车,在讲台前演示相遇过程。

通过直观、生动的模拟情境,充分调动学生的积极性和主动性,引导学生观察、思考、分析、理解相遇问题的特征,进而理解"相遇"的含义。诱发学生进一步探索此类问

题的愿望,使学生自然地进入新知识的探索中。

(二)动态演示,感知"相遇问题"的特征

通过 AISCHOOL 平台,将轿车与客车从出发到相遇的过程,以动态视频的形式推送给学生,观察相遇问题中两个物体的运动过程,了解"相遇问题"的基本特征。

观看完后,汇报相遇问题的基本特征:"同时出发"、"相向而行"。

师:轿车和客车出发的地点是?

生:两地。轿车在上海,客车在南京。

师:两车出发的向后顺序是?

生:同时出发,也就是一起出发。

师:两车行驶的方向?

生:相向而行,就是两辆车面对面地行驶。

师:当两车相遇时,它们大概在什么位置呢? 是在上海和南京这两地的中间吗?

生:两车相遇时,轿车行驶的路程比客车行驶的路程多,因此相遇点离南京更近些?

师:为什么?

生:因为轿车的速度快,同样的时间里,轿车行驶的路程就比客车多。

(三)简洁构图,梳理"相遇问题"的数量关系

当学生理解了"相遇问题"的相关术语和特征后,可以放手让学生尝试构画简洁的线段图来辅助解题,并选取不同学生所构线段图,由老师拍照通过 AISCHOOL 进行多人投屏,再由全体学生对这些被选取同学的线段图进行点评,最终归纳出最佳构图。

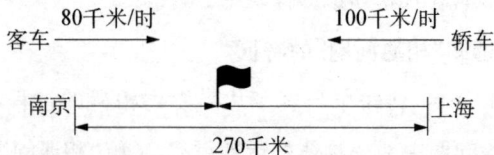

师：现在大家把复杂的信息转化成了简单的线段。

师：请你说一下，线段图各部分表示的意义。

生：汇报。

师：如果设经过 X 小时两车在途中相遇，那么客车行的路程可以怎么表示呢？

生：客车行的路程可以用 80X 千米表示。

师：轿车行的路程呢？

生：轿车行的路可以用 100X 千米表示。

师：你找的等量关系式是什么？

生：轿车行的路程 + 客车行的路程 = 相距的路程

生：也就是 100X + 80X = 270

　　通过构图能够使抽象的数学问题变得更直观，便于学生理清楚题目中的数量关系。像这样把抽象的数学语言、数量关系与直观的图形结合起来，使复杂的问题简单化，抽象的问题具体化的思想就是数学上非常重要的"数形结合思想"。

（四）变式练习，建立"相遇问题"的模型

　　当学生掌握了"相遇问题"的基本特征，后续可以跟进相应的变式练习，由学生独立收集信息，进行构图。

　　两个城市之间的路程为 405 千米，一辆客车和一辆货车同时从这两个城市出发，相向而行，客车平均每小时行 44 千米，4.5 小时后两车相遇，货车平均每小时行多少千米？

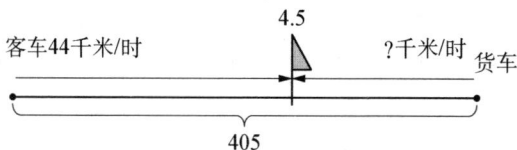

采集学生的构图方案，利用 AISCHOOL 选取合理的构图进行投屏，对比分析与例题的相同和不同点。

师：这道题和刚才的例题有什么相同和不同？

生：相同的是都是同时从两地出发，相向而行。

生：不同的是例题告诉了我们两地之间的距离，两车的速度，求相遇的时间；而这一题告诉了我们两地之间的距离、其中一辆车的速度和相遇的时间，求另一辆车的速度。

师：那么，要解决这个问题你找的等量关系是什么？

生：客车行的路程＋货车行的路程＝相距的路程

生：等量关系式和例题是相同的，未知数是不同的，例题中相遇的时间是未知数，这一题中货车的速度是未知数。

师：那么我们可以怎么写设句和方程呢？

生：设货车平均每小时行 X 千米，方程是 $44 \times 4.5 + 4.5X = 405$

通过变换问题的条件和结论，变换问题的形式，但不改变问题的本质，使本质的东西更全面，使学生不只停留于事物的表象，而能自觉从本质看问题，克服思维的僵化及惰性，让学生头脑中建立起"相遇问题"的数学模型。

（五）拓展学习，揭示"相遇问题"的本质

生活中，除了走路、行车这样的行程相遇问题，还有一些类似相遇问题的例子，像工人修路、开隧道、铺管线等问题就是以后我们要研究的工程问题，还有打字问题，都可以归纳为今天学习的相遇问题，可以用解决相遇问题的方法来解决。

两队分别从两头施工开凿隧道，甲队每月开凿 150 米，乙队每月开凿 120 米，8 个月后开通，这条隧道有多少米？

张师傅和李师傅共同打一篇文章。张师傅每分钟打字 210 个，李师傅每分钟打字 190 个，两人各打了 10 分钟才将这篇文章打完。这篇文章共有多少个字？

通过 AISCHOOL，将以上题目构图方法指导的微视频推送给学生，学生学习微视频后，解决问题。

温馨提示

依托 BYOD 项目和数字化校园环境，学生能借助 AISCHOOL 平台做到构图学习，获得更多个性化学习资源和成长空间，但在上述实践操作的步骤中还须注意以下几个方面：

1. **不牵强附会，养成自觉运用意识**。教师除了要教学生画图技巧，引导他们感知构图的优势，让他们知道什么时候用这种方法外，还要持之以恒地引导、提醒学生运用这种方法解决问题，千方百计切实利用好"构图"这根"拐杖"；引导他们交流构图的方法与感受，表扬自觉运用构图方法的学生。在老师的反复强调中，学生在"运用—回顾—反思—再运用—总结"中"悟"出方法，逐步形成自觉运用的意识，从而使"构图"内化为一种解决问题的策略。

2. **是否需要构图应根据学生的实际需要确定**。从本质上看，构图是解决问题的思维"工具"。工具的价值不在其本身，而在于其效用，衡量工具效用的标准在于"能否指引人们的行动取得成功,能否满足人们的目的和需要"。因此,学生进行构图的真正动因不是某种外力的强加,而是源于学生自身成功解决问题的需要,所以,是否进行构图应根据学生的实际需要来确定。

3. 构图的运用应契合学生阶段性的思维发展水平

运用构图的目的不仅仅是帮助学生解决某些具体问题,提高解决问题的能力,更重要的是使学生学会"数学地思考"。因此,构图的运用应契合学生当前的思维发展水平,并随着学生思维能力的发展而变化。

（撰稿者：陆翠萍）

◉ 范式 4-4 ————————————————————————

混合学习： 思绪在多维学习中飞扬

在新形势下，应充分利用新媒体技术带来的便捷性、广泛性，摆脱时空的束缚，使学校各式少先队活动宣传更广泛、落实更到位、队员更喜欢、意义更深刻。结合学校学生自带移动学习终端设备，充分利用当下流行的传播资源，依托微信、麦客、UMU、问卷星、兔展等平台"网聚"少年，运用"线上"与"线下"的"混合学习"展开智慧队建工作。

"混合学习"已经不是一个新概念，但随着教育信息化的不断深化，"混合学习"被赋予了更加丰富的内涵，同时也进一步推动了学校少先队活动。"混合学习"就是将面对面学习和线上学习结合起来，既要发挥辅导员引导、启发、监控少先队活动过程的主导作用，又要充分体现学生作为活动过程主体的主动性、积极性与创造性。

一、混合学习，把队活动"活起来"

"混合学习"是将学生的"学"与"习"相结合，课堂上有了学的过程，在课外进行自主的"习"，从而取得良好的效果；"混合学习"还是通过在恰当的时间对合适的人采用适当的学习方式来满足不同的人（或学习团体）的学习风格，以使他们掌握适当的知识技能，从而使学习效果达到最优化。

"混合学习"改变了传统课堂的"以教学为中心"，强调"主导——主体相结合"，因

此对教师的教学也提出了新的要求,既要关注"如何教",更要关注"如何促进学"。"混合学习"的优势有以下三个方面:

(一) 促进有效交互

在"线上"活动中,辅导员的参与对有效交互仍然非常重要,队员仍不能摆脱对辅导员的依赖。首先,辅导员在交互过程中要注入情感因素,即使是在线交流也要体现亲和力。其次,对于队员提出的问题或疑问要及时反馈。再次,辅导员要在学习者不同的学习阶段提供不同的交互策略。最后,在"混合学习"中,在线的交互要与课堂交流结合起来。

(二) 有效的学习管理过程

在"线上"活动中,少先队活动是辅导员要在充分满足队员个性需求的基础上,促进队员完成深度学习的过程,对辅导员的监控技能提出了许多新的要求,如辅导员要能够熟练使用网络平台,借助平台提供的队员数据统计信息进行监控,跟踪队员的活动记录等。

(三) 学习环境设计

在"混合学习"中,辅导员不仅要为队员创设在传统校园中的少先队品牌文化,还应该注意队员在网络环境下开展活动的虚拟文化氛围。在少先队活动中,通过开拓"线上"、"线下"与新媒体的深度整合,强调了少先队活动的品牌特性,展现了队员的风貌,提升了辅导员的能力。

以"混合学习"为依托,以孩子们的兴趣爱好为纽带,着手建立专题一体化、目标分层化、选择多样化的少先队活动,借助"混合学习"实现队活动的数据管理、网络交流,是新时代辅导员工作的新趋势。

二、混合学习,以队员为活动的主体

少先队队员是少先队活动的主体,队活动应以队员为中心开展,队员自然也成为了混合学习的主要参与者。现就我校开展从"宣传"、"选举"到"提案"的少代会主题活动的一则案例,做具体实践操作的步骤说明。

（一）释放少先队活动的时代气息

"线上"宣传、"线下"响应的"混合学习"，释放了少先队活动的时代气息。微信、麦客、UMU、问卷星、兔展等这些在形式上依托手机、利用新技术的便捷性、趣味性、美观性等特点赢得队员们喜欢的网络渠道，让"召开少代会"这一少先队员实施民主权利的重要形式更具吸引力和凝聚力；在内容上融入了少先队、少代会的基础知识，社会主义核心价值观教育的要求以及时事教育的热点等，突出了政治性和知识性；在实施中，通过微信公众平台的使用、队员们"兔展平台"上互动学习使用、自学使用三个途径，突出了自主性和互动性。他们在游戏中了解了开展少代会的意义、作用，温习了少先队知识，引起了广泛关注和家长的积极参与，特别是让刚加入少先队的三年级新队员快速了解了少先队知识、少代会活动的意义等。

（二）构建少先队活动的良好环境

"线上"展示、"线下"统计的"混合学习"，构建了少先队活动的良好环境。在互联网时代，如何让少先队活动真正"活"起来，更"接地气"，统计的数据更有保障呢？混合学习既节省了时间，又能反复观看，使碎片化学习成为可能，学习的自由度更高。在正式选举日，为了防止重复投票、家长拉票等舞弊（误操作）现象，笔者在"麦客"投票后台设置了"只允许通过微信实名制限时一次性投票"功能，同时通过 IP 地址收集跟踪技术，在少代会筹备组全体成员的人工监督下将重复、冒名投票全部清除，以"后台数据统计"的方法保障了本届投票的公正、公平。此次选举引起了巨大反响，就连很多被"新媒体"拒之投票门外的家长都感叹说："新时代的投票都那么高科技，我们真是'爱莫能助'啊！"孩子们在用自己的方式学习怎样做一个诚实的人，电子投票选举活动激发了更多的共鸣，带来了正能量的传递！

（三）彰显少先队活动的教育理念

"线上"讨论、"线下"总结的"混合学习"彰显了少先队活动的教育理念。创新少先队工作的内容和形式，引导少先队员走向生活实践，培养、发展队员的主人翁精神，是我校大队部"深入贯彻中央党的群团工作会议精神，推进少先队工作务实创新"要求的重要举措。少代会提案工作是少代会行使参与少先队民主管理和民主监督职能的一项重要工作，此次少代会借助"UMU 互动"平台（用手机随时组织互动与微课的网络平台）为提案工作增加了灵活性、便捷性、持续性。队员们在平台实名制登录后畅所欲言，由于摆脱了课堂的束缚，每一位队员就自己关心的校园生活、学习问题、环保、安全等各项问题进行了表述，UMU 平台将所有的提问、解决策略随机排列，以十份提案为单位分批次展现在所有参与网络讨论的队员面前。队员们不但能看到本中队的提案，还能学习其他中队的提案表述方式、解决问题方法，并为优秀提案点赞。UMU 将获得点赞数较高的提案标记在讨论区的前排，方便各中队评选金点子提案并最终写成书面正式提案上交大队部。大队部将所有提案进行整理和汇总，再通过 UMU 将提案的答复告知广大队员。

通过"线上"、"线下"不同形式的"混合学习"，为每一位队员搭建了展示自我的舞台，充分发挥了队员们的自主性。在活动中，逐步培养对党和社会主义祖国的朴素情感，有效增强对少先队组织的归属感。

三、巧用混合，调动队员活动积极性

上述操作方法从"了解少代会，学习队知识"入手，通过"线上队知识学习"、"网络投票"让学生将少队会知识内化并输出，将线上线下学习结合起来，将队员参与活动的积极性调动起来，将少先队活动的内容丰富起来。

例如 2016 年 10 月 13 日建队日，我校十六届少代会活动片段就是这样的：

（一）线上宣传，线下参与

整个十月，"提案、投票、选举"都是全校少先队员最常挂在嘴边的字眼。校大队部在"兔展"平台发起以"放飞梦想，自主发展"为主题的少代会活动倡议。同时，依托微信公众平台，开发了"红领巾相约中国梦"队知识教育游戏，进行少代会、队知识普及教育。在游戏过关的最后环节，校大队部借助"问卷星"设置了少代会、队知识测试问卷。在收集过程中，从测试后台看到许多队员反复登陆、参与测试：第一次 60 分、第二次 80 分、第三次 95 分……

【设计意图】努力提升少先队服务能力，建设"网上少先队"，倡导全校少先队辅导员积极用好 UMU 网络平台，直接服务队员，加强对全校队员用网情况调查统计。

（二）线上投票，线下监督

在选举新一届大队委成员环节，大队部借助微信、腾讯视频网站、"麦客"表单开展网络电子投票。每位大队委候选人首先在 QQ 腾讯视频网站上传竞选演讲、才艺视频并生成视频链接网址；然后竞选组委会成员利用"麦客"软件上传候选人个人信息、照片与视频链接网址。"小选民们"在投票前一个星期清晰、准确地观看此次竞选人资料，投票平台共收到 453 张选票。

【设计意图】依托"智慧队建"探索建立少先队电子队务和各中队信息管理系统。用好中国少年先锋队网、未来网、罗小微校服务平台等。

（三）线上讨论，线下建议

在各中队利用班队课择优选择实填写上交书面正式提案稿前，大队部在 UMU 的讨论区引发了一个名为"小眼睛看校园，小耳朵听民生，小脑袋想提案"对学校少先队工作建议的大讨论。在少代会闭幕前共收到队员们撰写的正式提案 30 份。关注最多的，是少先队员的"卫生与保健"问题，有 7 份提案提到了这个话题。在平台讨论区，有队员提出设置符合当代审美的、有提醒作用的、同学们喜闻乐见的下课、上课铃声；还有些队员提到了保护视力、增加户外体育运动、节约水电、爱惜粮食、加强劳动实践，做力所能及的家务，不娇生惯养等，有队员表示这些也是少先队员应该具备的基本素质，还有队员提到改善校门口交通拥堵问题。

【设计意图】将队员学习民主、发扬民主、培养民主能力和主人翁思想落到实处。校大队部通过网络平台建立答复，办理代表意见建议制度。

（四）总结经验，复制展现

以上案例充分发挥了"混合学习"模式的优势，这一活动从起意到策划、发布、组织宣传，在建队日期间，仅一周时间，准确抓住了时效性、可复制性，及时地实施、组织和动员，产生了有意思又有意义的效果。此次活动得到了家长和学校领导的关注、认可，"线上"宣传、"线下"响应的少先队活动，会让少先队活动更有意思，也使少先队组织更有凝聚力。

【设计意图】健全以微信、UMU 等为主的新媒体工作格局，推进全校新媒体工作平台互联互通。

温馨提示

通过此次少代会，队员、辅导员们在移动终端与新媒体的助力下，"线上"宣传、"线下"响应，紧扣时代脉搏，摆脱了时空的限制。同时，值得注意的是：

1. **活动发布需及时**。混合学习在运用新媒体、新技术的过程中要注意发挥快捷优势，准确将贴近队员生活的少先队主题活动及时发布，注意活动的时效性。

2. **语言表达需简练**。在一打开微信、微博满眼是帖子的碎片化阅读、眼球经济时代，队员们对于电子文本的阅读耐心越来越少。这就要求辅导员在宣传发布时，文字要精炼，忌冗长、繁杂，表达要清晰。

（撰稿者：唐志峰）

范式 4-5 ━━

游戏学习： 娱乐互动的跨界共融与深化

游戏是孩子们的天性。美国心理学家布鲁纳说过，最好的学习动力莫过于学生对所学知识有内在兴趣，而最能激发学生这种内在兴趣的莫过于游戏。BYOD 教学作为新时代背景下衍生出的新型课堂教学模式，在锻炼教师综合能力的同时，也培养了学生的信息技术素养。借由游戏的动态化和图像的趣味性，学生在玩玩乐乐中逐步由被动去学转为主动去学，彻底激发起学生的学习热情。

一、游戏，知识获取的快乐体验

游戏学习，顾名思义就是通过游戏的方式促进知识的获取。国外对于"游戏学习"的研究开始较早，很早便把"数字游戏"应用于教学和培训，并且取得了良好的学习效果。比如，由英国的 Immersive Education Ltd. 和剑桥大学联合推出的角色扮演游戏（RPG）Kar2Ouche 在英国中小学中广泛应用，美国的 GAME2 TRAIN 公司开发的 The Battle of the Brains、The Monkey Wrench Conspiracy、Knowledge Tournament 等。"游戏学习"成为近十年国内热门的研究课题，我国科利华公司在 2000 年推出的"学生智慧世界"是全球第一个学习型教育网站，通过同伴在一起竞争答题达到学习之目的。因为学生只有感兴趣了，才能充分调动主观能动性，才能最大限度地挖掘孩子们的自身潜力。那么，提倡"游戏学习"的意义在哪里呢？

（一）通过情景引入，制造主题"游境"

任何情景的设置都是为了更好地烘托主题。游戏化学习中，通过对不同主题的情境渲染、游戏背景的设计，用最快的速度让"玩家"身临其境，迈入角色扮演的人物自定中，学生学习的动机被激发，达到深层参与互动。

（二）通过游戏关卡，获得即时"快感"

从小时候大家都玩的"马里奥"到如今的"开心乐园"、"天天酷跑"、"纪念碑谷"等游戏，不同的游戏设置能够满足不同玩家的需求，让普通玩家最终成为"骨灰级玩家"。游戏让人深陷不能自拔的特点，让"游戏学习"圈揽粉丝的策略得以实行。通过测试平台或者 APP 软件等，针对不同主题发布测试内容，设置丰富的游艺体验模式，在枯燥的文本学习或者课堂授课的基础上学乐交融，使得知识获取形式变得更加具有趣味性、多元性，也因为游戏具有"及时反馈"的特点，让玩家从动手操作中获得即时快感，也就有了下面将会提到的"自我实现"的价值体现。

（三）通过游戏测试，寻求"自我实现"

游戏测试除了关卡设置外，还有随之而来的即时反馈。通过通关后的积分累计或数据供给，在获得相应徽章或奖品肯定的同时让玩家赢得自我成就感，从而逐步实现"自我价值"。这种课堂模式一改传统模式中教师"一板一眼"地逐一"描绘"，借由动态影像，通过亲身参与的互动体验式教学，充分调动孩子的主观能动性。同时，选择可以即时统计数据成果的相关游戏测试，能让学生在第一时间了解自身不足，培养自我反思的能力。这样，学生乐学了，教师也好教了。正所谓"知之者不如好之者，好之者不如乐之者"，学生在体验、快乐中收获知识，得到自我成就感。

总之，"游戏学习"旨在培养和发展学生的能力，最终作为教育教学的一种辅助手段来服务学生。

二、游戏，教学设计的融合应用

"游戏学习"有很多种操作方式，此次主要强调"游戏学习"中的 BYOD 游戏教学方式，就是以学生自备终端在校、在家、在社进行"游戏"和"教学"的完美融合。具体操作可以从以下三个方面着手：

（一）设计内容，紧贴主题

利用手中终端设备，通过动画播放、静心倾听、凝神观看的方式，让学生了解活动知识要点及需要进行测试的主题内容。学生用手指触摸相关文件按钮，随时、即时进入主题创设背景，快速融入主题情景。针对低段学生，配合"游戏环节叙述"、"游戏配乐欣赏"、"游戏配套测试"等，选择简单的主题配套游戏测试让玩家玩得轻松，学得快乐。

（二）设计关卡，层层递进

"游戏学习"的关键点还是"学习"。借由教学内容中的一个环节或者教学完成后的巩固测试方式，通过推送相关主题游戏 APP，根据教学目标分层进行关卡设置，让学生在递进的层阶关系或者并列的版块学习中获得相应的知识挑战，从中获取升级快感和相应知识技能，不断自我挑战，培养好奇心和探究欲望，找到指尖游学的乐趣。

（三）设计反馈，即时即乐

每一项游戏测试的反馈是对于学生和老师日后"培优补差"的依据。通过平台自动生成的统计结果进行数据统计，满足了大数据时代的资源搜集，同时对于游戏关卡中的不足或者薄弱的环节也可有针对性地补缺补差，学生不用再问老师"我哪里还不懂"，老师也不用再追问学生还有什么不清楚。平台数据的自动统计功能帮助师生解决"会"与"不会"的智能分类。

总之，"游戏学习"在方便学生知识"习得"的同时也让教师的教学行为和教学方式有了更多的呈现式样和展现渠道。利用网站资源检索和掌上 APP 资源的筛选，教师挑选出适合本课程的优质资源，渗透在活动环节中，让课堂变得更加具有趣味性和娱乐性，也符合了小学生的心理特点和身心发展规律。

三、游戏，教学实践的多维渗透

"游戏学习"中游戏活动的设计是依据支架式教学模式而设定的。在"游戏学习"中，知识点不宜直接呈现在学生眼前，通常需要打扮成一个个小任务、小难关，每个任务载负一个小知识点,任务一般要转换成问题情境,即创设需要解决问题的一个或若干个场景,需要学生根据具体场景去领悟并完成知识游戏中的这种任务。

(一)情景游戏——听听、看看,再玩玩

【案例】

一年级《安全出行我第一》主题班会教学片段

一、引入视频,看看聊聊揭主题

(出示《交通事故统计》新闻视频)

师:小朋友们看了之后有什么想说的呢?

(学生交流。)

师:其实,我们每个人的生命都在自己的手中,外出的时候,交通安全意识不容忽视,今天的主题班会我们就要一起学习《安全出行我第一》。

(板书课题,学生齐读。)

二、游戏玩玩,交通知识知多少

师:出行的时候我们应该如何保护自己呢? 现在我们一起来玩一个卡通小游戏,待会请你谈谈,通过游戏,你又知道了些什么?

(向学生推送 APP 游戏——"宝宝出行安全"(开发商：Babybus Co.，Limited))

(学生进行情景测试,老师巡视。)

师:刚才的游戏老师发现大家都玩得非常开心。现在哪位小朋友愿意交流一下自己学到了些什么呢?

生1:我在玩小熊齐齐过马路时知道了:过马路,要走斑马线,要握紧妈妈的手,否则要被撞死的。

师:对啊,过马路的时候和别人叫你的时候千万不能马上赶过去,这样容易出交通事故的,所以一定要听身边大人的话,不要自己跑出去,乱穿马路。

生2:我还知道了:红灯停,绿灯行。

师:是的。红绿灯是告诉我们什么时候可以过马路,什么时候需要在斑马线等待,这也是交通安全自我保护的一部分。

……

师：小朋友们刚才玩得都很认真，还认真听了游戏里告诉我们的过马路安全小知识，真了不起！

......

◆ 游戏特点：教师可以在课堂中为学习者提供虚拟场景演练，利用一定的影像、音效等技术来模拟搭建需要的情景，再通过简单的测试检查学生学习的情况。

【设计意图】此环节类似于德育教育手段中的"陶冶法"，让学生能够快速沉浸其中，并达成教学目标。事例中针对一年级刚入学的小学生进行安全出行教育，所以呈现"游戏学习"的方式比较简单，选择了兼具卡通形式和大量旁白的主题游戏，避免了低年级学生阅读识字不足的缺陷，在游戏中，教给孩子交通安全的知识，培养低段孩子交通安全意识和自我保护意识。

◆ 难度指数：☆

◆ 趣味指数：☆☆☆☆☆

（二）关卡游戏——快乐晋级乐多多

【案例】

二年级《户外安全隐患》主题班会教学片段

师：什么是户外活动？简单来说就是不在房间里，在外面露天的地方活动。比如——

（出示图片：郊游场景、体育锻炼场景、野营场景……）

师：在户外活动的时候，我们很容易有危险，容易受伤。怎样才能避免这些伤害呢？我们一起来看一段视频，视频里会告诉我们郊游时的安全防护小知识。

（播放视频，学生欣赏。）

（学生交流。）

......

师：既然我们已经知道了那么多户外安全小知识，那么现在要动动你们的手指，一起来完成两组小游戏，检验一下我们学习的成果如何。图片中有很多地方有安全隐患，聪明的小朋友，赶快来找到它们吧！

（向学生推送 APP 游戏——"找出安全隐患"（开发商：Hongwei Deng））

（学生进行测试，老师巡视。）

师：刚才老师发现有些同学做得很顺利，每选对一个安全隐患，故事小导播就会告诉我们选对的原因。有些同学选得不顺利，一点错，游戏就用提示音告诉我们选错了，这里没有隐患。那么，做完游戏后，谁愿意谈谈你从中学到了些什么？

生1：小朋友们在一起打闹容易发生意外。

生2：滑滑梯的时候，不能自己爬上去，很不安全。

生3：小孩子站在房顶上太危险了。

……

师：通过这节课，我们不仅感受到了户外游玩的快乐，还通过图片、视频和游戏的方式发现了户外安全隐患，了解了户外游玩的安全知识和自我保护的方法。希望小朋友们平时出游的时候也能时刻记得这些内容，学会时时刻刻都能保护好自己。

◆ 游戏特点：类似"大家来找茬"游戏，找到容易引发安全隐患的地方，全部找对后才能进入下一关。每一关卡有不同的安全隐患，点击"提示"，也能找到相关安全隐患的内容提示。

【设计意图】通过游戏寻找"户外安全隐患"，检测课中知识，作为知识巩固的一种简易游乐项目。这种游戏的方式可以刺激学生的视觉神经，也让他们在通关的刺激中获得成就感，学习和检测也就变得不再枯燥乏味，而是趣味横生。

◆ 难度指数：☆☆☆

◆ 趣味指数：☆☆☆☆☆

【案例】

三年级《交通安全知识》主题班会教学片段

师：同学们，我们已经了解到了非常多交通安全知识，现在老师会向大家推送安全知识测试题，我们通过闯关的方式进行学习检测，一起来了解一下自己究竟掌握了多少。

（向学生推送 APP 游戏——"交通安全问不倒"（开发商：Suzhou Vin Information & Technology Co．，Ltd））

◆ 游戏特点：这是冒险通关游戏，每一关十道题目，回答对的同学会获得一枚徽章,集齐十枚顺利通关。

【设计意图】冒险通关类游戏,通过游戏的形式起到普及交通常识的作用。完成一关才能进入下一关卡,层层递进,难度逐渐提升,具有一定的思维含量和挑战性,适合喜欢挑战高难度的学生。通过答题的方式获得更高的分数,学生每过一关可以自主选择是否要进入下一关。如果不愿再挑战更高难度,也可就此浅尝辄止。让学生学会自主判断,使他们在学知识、做练习的同时,感受到"小主人"的选择权、自由权,激发了孩子们的挑战精神,在好奇心的驱使下,自信心和成就感顿时爆棚。

◆ 难度指数：☆☆☆☆

◆ 趣味指数：☆☆☆

(三)专业测试——分析、自查寻不足

【案例】

三年级《独自在家安全防护》主题班会教学片段

师：小朋友,我们已经了解到了非常多"独自在家"的安全知识,我们课后可以利用自己手中的 Pad 进行主题测评。同学们可以在自己的平台上查到测评结果并下载,根据上面的提示和漫画进行学习自查。

(向学生推送校级安全教育测试平台——"学生安全意识测评与预警分析系统"(开发商：上海奇慧天晴信息科技有限公司))

(学生登录后完成相关测试。)

◆ 游戏特点：相对前面两项活动,此活动更具有专业性,画面简约没有多余装饰,可以让学生将专注力更加投入到题目本身。结束后会有测评统计分析,学生可以自行查看"个人综合报告"以及相关测试配套"安全漫画"。教师也可以通过后台下载整体数据统计结果、学生个体统计分析报告以及最终生成的所有学生学习的"预警分析报告"。

【设计意图】通过专项再训,用"游戏测试+动漫插图欣赏"的方式课后帮助学生巩固课中所学。教师和学生利用平台统计数据功能,将测试结果中欠缺的部分进行梳理。这为教师日后的"教"和学生日后的"学"提供了数据保存的功能,同时方便学生了解自身不足,具有一定针对性,可以作为成果检验和"培优补差"的依据。

◆ 难度指数：☆☆☆☆☆
◆ 趣味指数：☆☆

充分利用"游戏学习"优势，弥补师生教学反馈环节简单问答的不足，用丰富、可爱、符合小学生审美情趣的画面进行教学目标的达成、知识版块的梳理、统计结果的留存，不仅不增加学校教学任务负担，而且帮助学校快速建立起全面的学生安全档案，协助学校管理者实现校园事故预警机制。

温馨提示

虽然"游戏学习"对教学的方式做了一定的调整，学生们终于可以正大光明地"玩游戏"了，教师也可以坦然地让学生"玩"一会儿了，但是它的出现还是对于师生的"教"与"学"的形态转变提出了不少挑战。

1. **学习的促进者——关注教师角色的转变**。游戏化教学环境中，教师是学习的促进者，为学生提供充足的学习支架，激发他们的学习动机，让学生在自主学习和探究中丰富个体的认知水平和知识技能，学会学习、学会探究、学会反思。在活动的设计中加入更多的游戏趣味，适时地与 BYOD 相结合，教师注重思考如何通过"游戏学习"的方式，充分吸引学生的注意力而不是分散他们的注意力，并且最终达到乃至超过活动预期的成效。

2. **学习的思考者——关注学生角色的转变**。游戏化学习关注学生个体，满足学生需求，让每个孩子都成为游戏的参与者、挑战者、思考者。在做中学，在玩中获。在做游戏的过程中，学生受到视觉画面的冲击，使得大脑皮层的感官受到充分刺激，学生的思维活跃度立刻被调动和激发起来。在不断尝试解决问题的过程中，学生开始不断思考，彼此交流通关经验。这样的挑战、学习、分享、思考，自然形成了游戏化学习的一部分。但是如何留存这些产生的思考而不让其一晃而过、烟消云散，是值得后续探究的话题。

3. **学习的兴趣者——关注学生兴趣的转变**。游戏化学习能提高学习灵活度,提高学习兴趣度。托马斯·马龙是最早提出游戏具有吸引力三要素的人。他认为,游戏之所以能激发游戏者,主要是因为游戏具有三方面的特点:幻想、挑战和好奇。幻想的情节和情境是吸引游戏者的首要条件;挑战使游戏者对游戏欲罢不能;而好奇则是游戏对人类特质的最深层次的把握。学生通过游戏化学习,感受到了课堂的多变性、课程内容的丰富性;教师通过游戏化教学研究,掌握了学生表现性评价的多元化、数字化,为数字化校园建设的新型教育教学理念提供了有利的实践创新。但是,"人是善变的",如何持续捕捉并不断满足学生不同阶段的兴趣需求,是否要让学生从"游戏学习"的受益者逐步转化为"游戏学习"的开发者,培养他们线上、线下游戏共同参与的综合实践能力,继续拓展学生的兴趣领域,也是需要后续思考的"游戏学习"行为方式。

（撰稿者：杨　瑛）

◉ 范式 4-6 —————————————————————————————

众筹学习： 艺术创意不设限

"众筹"一词翻译自"Crowdfunding"，即大众筹资或群众筹资，由发起人、跟投人、平台三部分构成。是指一种向群众募资，以支持的名义发起的个人或组织的行为。一般而言是通过网络上的平台连接起赞助者与提案者。"众筹"是互联网的衍生产物，它与个体终端密不可分，与 BYOD 的学习模式天然契合。将"众筹"一词引入课堂，尤其是引入小学美术教学活动中，不能简单地把它理解为"众人拾柴火焰高"的合作学习活动，而是一种全新的团体创作方式。当"众筹"遇见 BYOD，会碰撞出怎样的火花呢？

一、众筹，一个公平公开的学习平台

一个创新驱动发展的时代特征是：产业的多样化、需求的多层次。这个特点在教学中同样是适用的。在美术课上，学生的能力与想法都是多样化的，为了满足学生个性化的学习需求，搭建多样化的合作平台，"众筹学习"模式在这个背景下应运而生。"众筹学习"就是指由教师辅助，教学内容搭建在学习平台上，从策划、建组、执行到评价都由学生自主完成的学习方式。

在 BYOD 背景下的众筹学习，具有以下优势：

（一）学生为主体，群策群力

传统课堂中，组队往往是教师主导的，或是以座位位置分组，或是以学习任务分组,学生不能自主分组。组长一般也是由教师指定的,在整个分配过程中,学生都处于一个被动和受支配的地位。但在"众筹学习"模式中,组队完全是自由意志,组队也不再是一个形式,而是一个有任务驱动的项目小组,一个以目标一致组建的小组,可以充分调动学生的主观能动性,使每个学生为主体,发挥各自的所长,激荡出一曲充满个人华彩的大合唱。

(二) 个性为依据,相得益彰

通过课堂前期准备阶段,布置任务,使学生做充分的准备,并收集学生的各自意愿,根据学生的不同需求设计课堂模式。比如 A 学生想象力丰富,B 学生侧重于实际运用效果,可以将两者结合,先通过构思,使 A 同学提出设想,再让 B 同学检验,通过思维的碰撞,定出最初的方案,进行作业时,A、B 同学还可以继续提出改进的想法,使课堂内容富有层次,另一方面也培养了学生的主动思考能力。

(三) BYOD 为工具,海纳百川

传统课堂中,不可能让每个孩子都有展示的机会,但在 BYOD 模式下的学习中,每个学生都有公平的发声机会和展示平台。并且因为有网络的助力,这个平台甚至是跨越时空的。

(四) 评价为考量,贯穿始终

美术作品是情感的表达,凝结着创作者的愿望,好的美术作品会引起观赏者的情感共鸣。因而美术作品离不开评价,这个阶段可以贯彻美术作品的产生全过程。尽管美术作品强调个性,但众筹学习的意义更在于交流,给作品提供更多的可能性和发挥空间,在共性中凝练出个性,让作品的生命力更有感染力。

教育需要培育创新型人才,希望能激发每个人的创新潜质,而学生潜能的激发需要教师提供均等的学习与发展机会,"众筹学习"就为学生提供了这样一个公平公开的平台。

二、众筹,一场互相碰撞的头脑风暴

在传统美术课堂中,35 分钟的有限教学时间很难激发学生的艺术创意,学生之间

缺少交流，作品多以模仿为主，少有独特鲜活的艺术创意。有些孩子愿意创新，但是常常因为创作过程中遇到困难或缺少及时的支持而未能实现。

（一）众筹"创意点"

对教师发布的美术学习内容进行创意征集，在BYOD学习平台上公开票选最有创意、最受欢迎的"艺术创意"，"广撒网，放长线"，力求使学生有充足的时间去准备，也让老师可以在课前了解学生的水平和情感共鸣，从而更好地把握课堂节奏。

（二）众筹"经验值"

对于参与同一"众筹项目"的学生，必须尝试自己感兴趣的学习内容，并共享自己的成功或失败的经验。"纸上得来终觉浅，绝知此事要躬行"，众筹经验值是一个良好的应用指标，可以用来囊括众筹活动中学生的成功和失败的心得，不以成败论英雄，而是重在考量众筹活动中学生参与的广度和深度，前者侧重众筹的外壳，后者偏重众筹的内核。总之，众筹也是学生自己认识自己、认识世界的一种行之有效的方法，是培养创新精神的"试金石"和"炼丹炉"。

（三）众筹"聚赞盆"

学生课后可以在平台上分享自己的作品，获得本班学生、教师甚至其他班级的学生、家长对他的评价，从而客观了解自己本课的学习水平。因为有自带终端的介入，所以课堂的维度可以扩展到全年级甚至全校，参与者人数也可以得到明显扩充，在以评促建的过程中，学生通过别人的评价来重新审视自己的立场、见解，获得进一步的思考和升华。

（四）众筹"回音壁"

美术作品是美育的载体，通过创作后的集赞过程，学生回过头再次复习创作时的初心，找出可以改进的部分，教师可在这个环节收集、总结学生的心得，并把提炼后的心得内容通过平台展示给学生看，让学生进一步认识自己的不足，使欣赏和创作美的能力更上一层楼。

"众筹"是众筹学习的核心，包括在BYOD模式下创意的收集、经验的交流、作品的分享，但落脚点仍是每个学生的反馈和成长，学生在做前想、想中做、做后想、想后得，进一步提高自己的创造力、合作力、表现力、鉴赏力等综合能力。

三、众筹，一次收集智慧的学习经历

在三年级有一节课的教学内容是《步行街》，涉及面广，制作方式多样而复杂。我尝试运用"众筹学习"的方式，达到让学生作业呈现多样化、参与方式多层次的目的。

（一）众筹"创意点"，争当发起人

1. 课前发布学习内容

发布主题海报："罗阳步行街"开始招商啦！

招商范围：餐饮（快餐、面馆、奶茶店、咖啡馆等）、零售（文具、服装等）、其他

制作材料：硬纸板、牛奶纸杯、塑料瓶等

2. 众筹学生创意

让学生通过自我思考，结合自己的生活经验和兴趣，发布自己想开的小店，并设计自己小店的门面风格，画出设计草图，找出并分享自己觉得适合该项目的原材料和初步构想，听取同学们的意见，调整至获得同学们的支持度最高的方案。

如有人想开"花仙子"花店，有人想开"小馋猫"餐厅，以及咖啡店、奶茶铺，则首先要构思出门面，画出以下设计草图，并尽量调整成同一风格，如小清新或古朴，使步行街能五花八门又形散而神聚，杂而不乱。

3. 完成众筹项目的安排

课前教师统筹学生的发言与支持率，完成合作小组的人员安排，使同类项目合并，

使每个小组保持一定的统一性,并剔出高度相似的创意,最后安排课前任务。

(二)众筹"经验值",实践出真知

1. 课前学生已经被分配进了饮食街、零售街、娱乐街、休闲街……

2. 虽然学生是以开设内容分配的,但不同的学生会带着不同的材料进课堂,材料的不同才是本课最大的制作难点。教师要求学生对材料的加工过程进行分享,或是拍照,或是步骤描述,或是录音分享经验。这样学生通过在思中做、做中思,反复推敲,通过细节问答,打磨自己的作品。

3. 学习别人分享的资料,改善自己的作品。通过交流和借鉴别人的想法、建议,找出可以改善和提高的地方,拓宽自己作品的表达维度。

(三)众筹"聚赞盆",评价促提高

学生在平台上分享自己和小组合作作品。通过课堂展示环节,结合课下微信等媒介的强大传播能力,分享作品,集赞的同时收集大家的评论,再次思考自己作品中可以提高的部分。

(四)众筹"回音壁",互动激思考

众筹学习不但能获取大家的评价,反思本课的学习情况,更能和评价者进行互动交流。小组成员每人挑选2条自己最想沟通的意见进行反馈和答疑。通过这个互动过程,能让学生更明确自身的优点和缺点,掌握自己在参与过程中的得失,总结经验。

很多时候,教师都是孩子学习的指路明灯。但有些时候,这盏灯显得太过强势,剥夺了孩子去其他小路、岔路散散步的机会。目标太过明显,往往错过了很多路边的风景。在众筹学习模式下,我们主动把指路明灯调暗一些,让学生们自己发出点点星光,互相指引,共同进步。

温馨提示

1. 众筹学习把学习延伸到了课堂以外,在小学阶段,美术教师一般比较难控制学生的课外学习时间与效率。要特别注意众筹学习的内容要发而不散，要做好及时纠正学生偏离主题的准备。因为一个学期的教学时间有限，教师必须要对教材中的教学内容进行压缩或舍弃。

2. 众筹学习适合开放性较高的学习内容，由于拉长了学习时间，并不适合教单一技能型的教学内容。要注意选择适合众筹学习方式的教学内容，不能为众筹而众筹，一味地追求形式，这与美术教育的目的是相违背的。

（撰写者：曹　贝）

第五章 互动：多向动态实现教学共振

"互"是一个象形字，原指一种绞绳用的工具。"互"的汉字结构好比两只手握在一起，正如"互"的引申字义里也包含着互相、双方的意义。互动之于教学是一个双向动态发展的过程。师生间的互动，活跃了课堂的民主氛围；学生之间的互动，促进了思维的交流和碰撞；人机之间的互动，打破了时空的限制，拓展了学习的广度。互动式学习，让学习产生共振，让参与者沉浸其中，让学习突破界限。

互助学习：让课堂"灵动"起来

抛锚学习：让学生身临其境地学习

群聊学习：思想在交流中碰撞

圆桌学习：突破思维定势的局限

　　互动是有互有动，它至少是双方的，单方面的不构成互动；它也是动态的，静止也不构成互动。"互"是一个象形字，原指一种绞绳用的工具。从形式上看，互动的最基本形式，就是双方之间，一方向另一方发信号或行动，另一方对此给出相应反馈的过程。这个反馈可以是信号回应，也可以是行动回应。

　　在教学过程中，教育活动可以看作是一个动态发展着的教与学统一的交互影响和交互活动过程。因此，激活这个动态过程中的互动可以优化整个教学过程。"互动教学"就是通过调节师生关系及其相互作用，形成和谐的师生互动、生生互动、学习个体与教学中介的互动，强化人与环境的交互影响，以产生教学共振，达到提高教学效果的一种教学结构模式。

　　圆桌学习——团队的对话互动。"圆桌学习"是一种变革性的学习方式，它以圆桌为媒介，多位学生围坐在桌旁充分讨论学习内容。在圆桌学习中，通过抛出话题、主题发言、交流对话、点拨方法、归纳总结等步骤，让学生可以与同学、教师形成即时的互动，从而随时优化自身理解。这种方式有助于基于深入对话而形成教学理念、传播教学内容、形成思想共鸣、开解学生疑惑。

　　群聊学习——群体的思想互动。"群聊学习"是基于 BYOD 建立交流群，在平等、民主关系下的师生、生生间的交流与沟通，以及师生与文本间开放的、动态的学习过程。群聊学习拓宽了学习的空间，培养了学生主动参与的意识，也提高了学生的学习效率和自学能力。

　　互助学习——同伴间的互助互动。互助学习是指在课堂教学过程中，教师为有效地开展教学活动或完成某一教学任务，将学生集体按特定的要求分成若干学习小组，开展在教师指导下的学生与学生间、教师与学生间的合作学习形式。同桌互助学习为每个学生提供了一个展现自我的平台,提高了学生的课堂参与程度。同伴的合作互助学习可以提高他们的认知水平。

抛锚学习——探索中的自主互动。"抛锚学习"强调以学生为中心,通过学生的主动探索,主动发现,自主进行知识的意义建构。"抛锚学习"通过创设适合学生的问题情境来激发学生的思维,它鼓励学生用多种思维方式考虑问题,用多种方式解决问题,从而培养学生丰富的思维能力。

其实,互动是教学的常态,是一种民主、自由、平等、开放式的教学。美国心理学家罗杰斯说:"成功的教学依赖于一种真诚的理解和信任的师生关系,依赖于一种和谐安全的课堂气氛。"教学是师生双方共同活动的过程,在教学内容、教学过程和师生关系三个教学因素中,如果缺乏情感交互、交流,教学就会是内容贫乏、色彩苍白的花架子,是没有灵魂的空壳子,既站不起来,又深入不下去。

范式 5-1 ————————————————————————————

互助学习：让课堂"灵动"起来

　　低年级学生的自觉性和学习习惯比较差,互助学习可以营造出宽松、民主、和谐的教学氛围,能够在有效提高学生成绩的同时,也让学生享受到学习的乐趣。依托 BYOD 项目和数字化校园的环境,学生借助 AISCHOOL 平台进行互助学习,是一种授之以渔的教学方式,相较于接受式的学习,能让学生在获得更多知识的同时更多享受到学习的乐趣。

一、互助,学会合作

　　互助学习是指在课堂教学过程中,教师为有效地开展教学活动或完成某一教学任务,将学生集体按特定的要求分成若干学习小组,开展在教师指导下的学生与学生间、教师与学生间的合作学习形式。同桌互助学习是互助学习形式的一种,指同桌两个学生为了完成共同的任务,有明确的责任分工的互助性学习。苏联著名心理学家维果斯基认为,相近年龄儿童的学习可能处于对方的最近发展区,因此,同伴的合作互助学习可以提高他们的认知水平。而同桌间的互助学习模式因在课堂教学中组织时间不长而变得更容易操作,是最便于组织的互助学习模式。本文就以课堂上的同桌互助学习模式为例展开叙述。

（一）共同进步

有效的互助活动，是追求两个互助同伴最大限度地投入学习，共同获得进步。如是"平等同桌"，互助过程是互助、监督促进，共同研讨，是两个人智慧的碰撞与提升。如是"差异同桌"，是学困生学习困难的解决和成绩的进步，而优生则在帮扶中得以深入学习，得以锻炼与发展。在促进同桌共同体的发展中，优生的发展与学困生的进步各有所侧重，都很重要。

（二）良好习惯的养成

低年级是养成良好学习习惯的关键时刻，同桌两人一起学习有利于良好学习习惯的养成和保持。"互助同桌"中能力强的学生可以带领着能力较弱、学习习惯较差的学生去养成良好的学习习惯，端正学习态度，使其学习能力和学习习惯方面都得到一定的提升。因此，同桌互助活动中，如果能互相督促提醒，互相约束促进，养成良好行为习惯，学习效率自然会提升。例如，课堂上互相督促不做小动作（不玩文具等），自习课上专心预习、复习、做作业等，都是学习习惯的养成行为，养成上有进步，学习进步是迟早的事。

（三）课堂参与度的提高

课堂上，老师可以在有效维持课堂纪律的同时进行小范围的探究式学习。同桌互助学习形式给课堂带来的很大变化就是学生之间的交流频率明显增大，至少比非互助学习的课堂增加两到三倍的机会。这样的课堂师生交流和生生交流的机会就更多了，完全可以避免由于问题太难而导致的有些学生不愿意回答、懒得思考的情况。

二、同桌搭配，使学习不再被动

在具体操作方面，我进行了两种同桌的分配，但是这并不是固定的搭配，是需要根据每个月学生的情况不断调整的。

（一）配对方式

1."平等同桌"。同桌的两个人有相近的学习能力、知识基础、潜质与能力，将他们编排在一起称为"平等同桌"。由于同桌两人的思想和能力比较相近，提出问题和解决问题的方式方法也比较相近，所以两人一起学习更容易互相督促，能够稳步向前。但是也容易存在局限性，两个相同层次的同桌编排在一起可能不易产生思想的碰撞，比较难有跨越性的进步。

2. **"差异同桌"。**同桌两个人在知识、能力、学习习惯、学习方法上差异较大，其中一个呈现优势，另一个则需要帮助、督促，将他们编排在一起称为"差异同桌"。由于两个人的各项差异都比较明显，所以能力较弱的学生会受到很大的帮助，取得较大的进步，而处于优势的学生则可以在督促另一个学生的同时提高自己的能力和责任心。但是"差异同桌"同样也存在漏洞，如果能力较强的学生反而被能力弱的学生影响，就产生了与老师期望相反的效果。

3. **阶段性调整。**无论是"平等同桌"还是"差异同桌"，都会随着学习的进度、知识的获取、能力的提升而产生变化，所以"平等同桌"和"差异同桌"并不是永久性的，教师可以根据不同的学习阶段和学生的学习情况来进行调整，以求达到最好的同桌互助学习的最佳效果。

（二）互助策略

学生平时抄袭作业或是以其他方式应付作业的比例不小，教师的劳动时常得不到回报，而同桌互助活动则极少会出现这种情况。同桌互相监督，各自独立完成作业，然后互相批改订正，小老师纠正徒弟的错误。在这样一对一的互助中，学生学习全情投入，效率比教师收作业、批改作业、讲评作业高很多。同桌互助学习过程中把握好互助策略，提升同桌互助活动的有效性是十分重要的。

1. **合理的任务设置。**每一同桌都具有独特的学习情况，不同的同桌学习情况间有独特性，所以互助任务的设置策略必须注意合理性，使"平等"或"差异"的同桌两人在一定的时间内能够顺利互助完成学习任务。任务须照顾到各结对同桌的学习情况，如果任务太难，"平等同桌"可能难以完成，而"差异同桌"中优等生可能会有较大付出，而能力弱的学生就容易坐享其成；如若任务太简单，就完全没有挑战性，同桌互助活动无提升，是一种浪费。

2. **互评互助。**现在许多语文老师在作文批改时采取学生自评自改的方法，但是，有些学生作文底子比较弱，批改别人的作文时没有信心，这个时候老师可以要求同桌互助批改,遇到拿不准的地方,两人可以进行讨论和研究。这样不仅作文被批改的学生得到了提高,批作文的一对同桌也都得到了提高。

3. **分角色朗读**。在学习寓言、小说类课文的时候,课文中往往有一些角色,体现了各自不同的性格。这时教师可以要求同桌之间开展分角色朗读。例如,我在教《狮子和山羊》的时候,就要求同桌一人扮演狮子,一人扮演山羊进行表演朗读,学生表演得非常认真,很好地理解了角色的心理变化,顺利完成了教学任务。

4. **讨论交流**。教师在布置问题让学生思考时,对于难以理解的问题,可以要求同桌之间讨论交流。当学生有了答案时,可以让一个学生解答,同桌来补充。这样做,既让学生学会了与他人互助交流,又让学生在互助学习中品尝成功的乐趣。

(三) 辅助措施

1. **"同桌互助协议"的制定**。"协议"可根据同桌两人的学习与表现情况提出发展要求,双方认可后签名承诺。"同桌互助协议"制定时,教师只提几点要求,比如:每天需要完成的学习任务,需要背诵多少单词等。具体内容可以让学生自主商定,得出可能达到的目标,形成合理可行的措施,最后签名承诺。结合学校的"尚美行规平台",可以进行加分和扣分,最后进行心愿兑换,这样还能提高学生的积极性。"差异同桌"重在帮助与监督,"平等同桌"可重在互助与竞争。

2. **"同桌互助记录表"的定制**。设置互助记录表,主要是为了记录互助情况,一般是逐日或逐项记录,以防学生偷懒。还可设置互助活动的反思,及时写上存在问题或是改进性设想,或是相互鼓励的激励性话语。利用学校的 AISCHOOL 平台每天填写,有利于促进互助小组的进步。

同桌互助记录表

日期:	学生 1:	学生 2:
互助学习项目:		
今天的启发和收获		
今天的困难		
我想对他(她)说		

3. 检查制度与评比。教师督促全班不同同桌开展互助活动,工作难度较大,而制定相应的奖惩机制,可有效减轻教师的工作负担,促进同桌间更为有效的互助活动。把 3—5 个同桌组成一个板块,利用 AISCHOOL 的投票功能选出"星星桌",负责当周的同桌互助情况评比;或者几个同桌轮流担任"星星桌"负责评比。对同桌互助情况及时进行后台统计,形成相关数据,每周进行一次评比,给墙上评比栏中合格或优秀的互助同桌贴上星星,以资鼓励或促进竞争。

三、巧用互助学习,让语文课堂灵动起来

通过同桌互助学习的实践活动,无论是"平等同桌"还是"差异同桌",在各科学习成绩上都得到了提升,并且在学习状态和学习氛围上都比之前更加认真。课堂上,老师在有效维持课堂纪律的同时进行小范围的探究式学习,二人小组互助学习时间利用率高,而下课后,学生可以很方便快捷地与同桌进行交流,二人可以通过互问来巩固知识,提高表达能力,可轮流检测、轮流汇报学习成果。同桌互助学习可以营造出宽松、民主、和谐的教学氛围,能够在有效地提高学生成绩的同时,也让学生享受到学习的乐趣。

根据措施,二年级两个实验班的分析如下:

	实验 1 班	实验 2 班
同桌合作方式	否	是
上课状态	前 15 分钟积极,后 20 分钟有不少小朋友开小差,学生无法保证时刻集中注意力。	前 15 分钟积极,后 20 分钟学生偶有走神,学生走神时,同桌会进行提醒,上课质量比较好。
评测	全班 40％学生掌握	全班 70％学生掌握
原因分析	低年级学生本身注意力比较差,课堂进行到后半节已经无法集中精神,教师也无法时刻盯着某一个人。	课堂上学生注意力不集中或者开小差时,同桌会进行提醒,因为将同桌两人合并为一个单位,他们会为了集体荣誉而提醒同伴。

（一）合理的任务设置——促进学生课堂参与程度

同桌互助学习为每个学生提供了一个展现自我的平台，提高了学生的课堂参与程度。在短短的 35 分钟课堂时间里，每个学生不可能都有充足的时间展现自我，教师可以根据学习内容和学生实际，选择有价值的内容和有利的时机，让学生进行交流。尤其是低年级学生，他们的表现欲极强，人人都想参与，更适合利用同桌互助学习来促进课堂的参与程度。如上《医生的心思》时，我布置了同桌分角色朗读的任务；上《歌声》的时候，我就进行同桌分组研讨；上看图写话时，我就让同桌进行互批互评。

（二）互评互助——提高学生对课堂的兴趣

对于语文课本中要求背诵的篇目，可以让同桌互相帮助提高背诵效率。在检查课堂作业完成情况时，也可以借助学校的 AISCHOOL 平台，让同桌互相监督检查。课堂小练习也可以利用学校的 AISCHOOL 平台，在老师的指导下进行同桌互助批改。

（三）分角色朗读——加深对于课文情感的理解

在上《医生的心思》这篇课文时，我让学生进行同桌互助朗读，一个读"医生"，一个读"女病人"，并且利用 AISCHOOL 平台的录音功能进行上传，最后再利用投票评选最佳组合。既节省了上课时间，又让学生体味了语言，训练了朗读，一举两得之余还促进了学生的课堂学习积极性和参与性。不仅展现了学生自我和互助配合能力，还加深了他们对课文内容的理解，提高了课堂教学效率。

（四）讨论交流——激发学生的创新意识

参与实践的学生在发表对于同桌互助学习的看法时，大部分学生都认为，同桌互助学习使学生独自思考变为同桌互相探讨、互相交流，可以提高学习兴趣，更加集中注意力。如：我在上《爱写诗的小螃蟹》时，问学生还有哪些动物会记住小螃蟹写的诗。学生一开始比较拘谨，不敢表达自己的想法。后来我让学生进行同桌讨论，讨论之后再利用 AISCHOOL 平台的分组研讨功能让学生进行表述，结果他们的答案层出不穷，并不局限于天上飞的鸟类，而是各种动物，异想天开，创意无穷。小朋友们往往能够围绕一个问题，想出很多的解决方式和答案。同桌讨论交流发散了他们的思维，满足了他们的求知欲，使创新过程在不知不觉中完成，真正做到了从课本里走出来，活跃了思维，激发了创新意识。

温馨提示

依托 BYOD 项目和数字化校园环境，学生能借助 AISCHOOL 平台做到互助学习，获得更多个性化学习资源和成长空间，但在上述实践操作的步骤中还需注意以下几个方面：

1. **教师不可以完全任由学生互助学习而不作为。**互助学习虽然有利于学生提高学习兴趣，也能培养学生的合作能力，但是学生毕竟是学生，还缺乏一定的自控能力和自主学习能力，所以老师不能放任学生互助学习，有时候还应该让他们学会独立思考，不然会形成对同伴的依赖。

2. **在活动中教师应"随侍"左右。**在互助学习的环境下，老师应该随时发现问题并进行点拨，提出相应的新要求，促进学生积极投入。如果是一成不变的教学任务，学生会感到枯燥乏味，那互助学习的乐趣也就丧失了。

（撰稿者：山　珊）

范式 5–2

抛锚学习：让学生身临其境地学习

　　小学生语文学习应注重听说读写四个方面,但是传统讲授型教学模式强调教师反复讲解与强化训练,忽视学生的主体地位,不利于学生语言能力的培养,部分学生甚至出现学习兴趣不浓、课堂问答参与度不高的状况,学习效果大打折扣。

　　随着信息技术的飞速发展以及人们对教育信息化认识的深入,电子书包借助轻巧便携的移动终端,逐渐成为新兴的学习辅助手段。它是一个集移动终端、互动教学软件、教学资源、云教育平台于一体的立体化、网络化、便携式"移动数字化学堂",能够通过技术支持,全面支撑课堂教学与学生学习,深刻改变学校教与学方式,提高教育质量和效益。抛锚学习可以很好地借助电子书包,让学生经历学习过程。

一、抛锚,把学习引向真实

　　"抛锚学习"要求学生到实际的环境中去感受和体验问题,而不是听这种经验的间接介绍和讲解。这种学习法重视学习者的真实体验与感受,以完成学生对所学知识的建构。"抛锚学习"的优势有以下四个方面:

(一)提高学生的自主学习能力

　　"抛锚学习"强调以学生为中心,学生主动探索、主动发现,自主进行知识的意义建构。学生通过完成与自己密切相关的真实任务,对于任务本身产生浓厚的兴趣,并愿意继续付出努力,这也正是自主学习的动力所在。

（二）提高学生的协作学习能力

"抛锚学习"强调学习者之间的沟通与协作。例如依托信息技术支持的分组讨论,学生可以在各小组内相互帮助、相互合作,共同完成相应的学习任务,继而提高协作学习能力。

（三）提高学生的多向思维能力

"抛锚学习"通过创设适合学生的问题情境来激发学生的思维。它鼓励学生用多种思维方式考虑问题,用多种方式解决问题,从而培养学生丰富的思维能力。如:在教学《一个奇怪的问题》一课时,可引导学生从以下问题的角度考虑:谁提出了一个奇怪的问题? 问题奇怪在哪里? 为什么要提出这个奇怪的问题? 这个奇怪的问题是谁发现的? 这个奇怪的问题最终是怎么解决的? 学生们通过动手实践,进行比较、分析,可以更好地理解科学家说的话,进而提高思维能力。

（四）提高学生的口语表达能力

"抛锚学习"认为在学习活动结束时,还应有效果评价这个环节,通过同伴的相互评价,总结优势,分析不足。这就很好地提供了口语表达话题,学生可以就此进行口语表达能力的锻炼,久而久之,可以提升口语表达能力。

总之,抛锚学习的侧重点并不是把现成的知识教给学生,而是在学生学习知识的过程中向他们提供援助和搭建框架,必要时为学生提供影像支持以促进学生对所学内容的感受和理解,学生再通过协助或会话等方式进行自主学习,最终获得实际能力。

二、用"抛锚"指引学生体验学习过程

"抛锚学习"由确定任务、创设情境、自主学习、协作学习、效果评价五个环节组成。

（一）确定任务,明确方向

确定"真实性问题"即"抛锚"。这里的"真实性问题"需要具有针对性(根据学生实际需要确定具有实际意义和价值的学习内容),探索性(吸引学生兴趣,具有适宜的难度),启发性(启发学生独立思考),拓展性(多元开放,延伸学习的宽度与广度)。只有

确定好任务,学生才能明确学习方向,有序开展学习活动。值得注意的是,教师在确定任务之前,需要了解此年龄段学生的学习特点与实际生活经验,要充分了解教学内容及教学难点,以便做好对学生的引导;同时教师要熟悉电子书包的各项功能,如电子书包画笔功能、电子书包课堂提问功能、电子书包课堂锁屏功能等,以便更好地开展教学。

(二) 创设情境,激发兴趣

良好的教学情境对于提高学生学习兴趣,激发学生学习动机有着至关重要的作用。利用多媒体资源和电子书包云平台数字资源,借助 BYOD 平台推送至学生个人移动终端,为学生提供真实生活场景,激发学生学习兴趣,拉近学生与文本的距离,为后续教学环节的开展做好情感铺垫。

(三) 自主学习,展现个性

学生各自利用电子书包,围绕主题,开始寻找资源、分析问题。在这一过程中,教师提供适当的帮助和指导,引导学生寻找问题的答案,让学生在探究中学会独立思考,学会聆听别人,学会发表自己的意见。此时,学生成为学习的主体,通过自己独立的分析、探索、实践、质疑、创造等方法来实现学习目标。

(四) 协作学习,深入探讨

学生在合作学习中,更能发现彼此的差异,产生思维碰撞,对问题的认识由单元向多元转化,同时,提供了更多口语表达锻炼的机会,让大多数学生不再是旁观者、聆听者,而转变为参与者。此环节教师可以设置开放性问题,利用分组研讨功能,发布问题,让学生以小组为单位进行合作学习,最终上传作业,汇报展示,交流成果。

(五) 效果评价,取长补短

以往的教学,多是学生和老师的单向交流,学生处于学习者地位,而在电子书包学习平台上,学生可以通过点赞和互评功能,对同学的作业进行评价,学生的视野是开阔的,学生的交流是多方向的,学生的角色是多元化的。学生既可以向他人学习优秀之处,也可以将自己成功的经验分享给同伴,还可以对他人提出意见或建议,对自己进行反思总结,取长补短,不断进步。

"抛锚学习"的五个环节层层递进,共同组成抛锚学习的基本流程。在这个过程中,学生实际地参与学习的各个环节,真实地体验学习的过程,真正地提高学习能力。

三、借助抛锚,将实践融入课堂

上述操作方法从确定任务入手,通过创设情境、自主学习、协作学习、效果评价,让学生将所学语言内化并输出,采用"抛锚学习"模式,将实践与学习结合起来,充分调动学生学习积极性,让学生真正经历学习,提升各方面能力。例如,《一个奇怪的问题》的教学设计片段就是这样的:

(一) 确定任务,明确方向

本课结合电子书包功能,确定两项学习任务:(1)认识本课 11 个生字、积累 11 个词语。(2)在教师引导下,自主探究,分组协作,以文字形式展示探究结果。让学生在自主探究和协作中树立自主精神与合作精神,体验研究,增强自信心,提高学习的兴趣。

(二) 创设情境,激发兴趣

教师利用 AISCHOOL 平台的广播教学功能、教育云平台资源库中的相关材料,以视频、图片等生动形象的多媒体形式创设问题情境,更好地引起学生思考。

1. **课前准备**。启动电子书包系统,打开屏幕广播功能。将本课课题《一个奇怪的问题》广播到每个学生的电子书包终端。学生一进教室,就可以看到屏幕上显示的文字。

2. **导入课题**。正式上课时,教师关闭广播,将屏幕锁定。提问疑问:谁提出了一个奇怪的问题? 问题奇怪在哪里? 为什么要提出这个奇怪的问题? 这个奇怪的问题是谁发现的? 这个奇怪的问题最终是怎么解决的?

通过一系列问题以及学生的回答,教师迅速地将学生注意力引入到本堂课的教学情境中。

(三) 自主学习,展现个性

每个学生都是一个独立的个体,他们以自己的方式构建对知识的理解,虽然学生之间存在差异,但这种差异正是不同个性的体现。因此,教师不应灌输答案,而应让学生自主发现,自主探索,自主研究,给每个学生思考的时间和空间,为每个学生提供表达观点的机会,让每个学生在交流中收获新知,启发思维。

在本课中,学生在教师的指导下,利用云平台资源及互联网搜集查找的资料,独立思考和分析,做出各自的回答。

1. **整体感知**。教师对学生的回答进行总结,然后梳理文章脉络。利用微课功能推送视频《一个奇怪的问题》。

2. **自主学习**。推送课堂提问,请学生浏览电子书,必要时借助网络资源,寻找这些问题的答案并进行标记。

(1)为什么说"一个奇怪的问题"？结合课文说说这里的"奇怪"指什么？

(2)看了视频,联系课文,你觉得印象最深的是哪一个人物？为什么？

(3)科学家为什么提出了"一个奇怪的问题"？

(4)你对伊琳娜有哪些了解？你怎样评价她？

(5)以后在生活中面对某种说法,你会怎样做？

3. **教师指导**。教师点击显示投影,观察每个学生标记情况,对那些学习有困难、找不到答案的学生,进行单独个性化指导,帮助学生及时掌握学习方法。

(四)协作学习,深入探讨

教师发布分组研讨任务,学生以四人为一组进行分组,然后组员合作完成任务,最后推选组长,对每组讨论的情况进行总结汇报,并上传作业,教师适时进行讲评。

1. **布置研讨**。发布分组研讨题目：请你动手做做实验,把一条金鱼放在一个装满水的杯子里,看看会出现什么现象。

2. **实践体验**。各小组进行职责分工,利用准备好的道具进行实验研究。充分发挥团队合作的作用,通过优势互补提高工作效率,增强学生的合作意识、团队协作精神。学生制作过程中,教师观察学生操作,并对技术问题给予提示和指导。实验结束后,各小组选派代表,对本组的实验进行汇报,教师对学生的探究作出肯定。

3. **展示交流**。学生完成写话练习(实验结论)后,教师设定好提交作品的文件夹,并设置为允许提交,完成写话的学生可以开始提交文字。

(五)效果评价,取长补短

教师组织学生通过相互评价作品,进行深度交流。通过电子书包的投影功能,可以让其他小组清晰地看到展示小组的作业。对同学作业给予即时评价、打分。学生根据评价意见，修改作业并再次提交。

1. **互评作业**。学生全部提交后，教师请每个小组的成员通过投影功能给大家展示作业，组织其他学生进行评价。给优秀的作业点赞，对有问题的作业提出修改建议。点赞后，学生对自己的作业进行反思，修改后再次提交。请同学通过打星星，评选出最优秀的作品，分享给其他同学。

2. **总结**。教师总结本课主题"实践出真知"。通过本课学习，学生们运用抛锚学习的方式，能够在真实情境中进行实践体验，在实际操作中锻炼动手能力，在互助合作中实现思维碰撞。

温馨提示

虽然抛锚学习能在一定程度上提升学习效果。但如按照上述实践操作的步骤，还须注意以下几个方面：

1. **转变教师角色**。抛锚学习对教师提出的最大挑战就是角色的转换，教师由知识讲述者转变为学习指导者，在学生学习过程中，观察学生行为，及时引导学生，以充分发挥学生的主体作用。

2. **设置真实情境**。抛锚学习要求学生解决面临的现实问题。教师设置的问题情景要与真实生活紧密联系，这样才能更好地调动学生的积极性。

3. **发散学生思维**。抛锚学习鼓励学生用多种方式思考问题，用多种方法解决问题。教师要鼓励学生从不同角度进行思考，要引导学生举一反三，发散思维，提高解决同类问题的能力。

（撰稿者：冯　华）

范式 5－3

群聊学习：思想在交流中碰撞

随着我校数字化校园的建成，以及 BYOD 在教学中的常态化运用，为"群聊学习"的实施和推进提供了有力平台和网络保障。采用"群聊学习"模式，借助 BYOD 和网络环境有效解决学生个体经验与文本信息的对话，充分利用电子书包丰富的数字化学习资源与学习工具，通过群聊学习的方式，使学生完成由被动式学习向主动式探索的过渡，真正做到以学习者为主体。

一、群聊拓展学习内涵

"群聊学习"是基于 BYOD 建立交流群，在平等、理解、信任和民主关系下的师生、生生间在思想、情感和精神上发生的交流与沟通，以及师生与文本间开放的、动态的学习过程。在这一过程中遵循了语文学科的教学特点和学习规律，以问题沟通、方法探讨、民主互助等方式来使教师与学生协同合作，共同完成学习任务。

"群聊学习"的优势有以下四个方面：

（一）群聊学习拓宽学生学习空间

群聊学习不仅将学生个体间的学习竞争关系改变为"群内合作"、"群组竞争"的关系，还将传统教学中的师生之间单向或双向交流改变为师生、生生之间的多向交流，学生有更多的机会发表自己的看法，为他们提供一个较为轻松、自主的学习环境，提高了学生创造思维的能力，而且还将学生课内学习延伸到课外，使他们在参与学习的活动中得到愉悦的情感体验。

（二）群聊学习培养学生主动参与

群聊学习是一种内涵丰富，有利于学生主动参与的多样化的教学组织形式。在学习过程中要求学生向群内成员阐述自己的看法，这样可以增加学生学以致用的机会，还可以增强他们对学习的爱好，提高他们的学习能力。有效的群聊合作学习可以在群内形成开放、包容的学习氛围，使群内成员相互激励、相互促进，共同成长。

（三）群聊学习提高学生学习效率

在群聊学习过程中，强调小组中每个成员都要积极参与到学习活动中，并且每个成员都带有极大的热情，学习任务由大家共同分担，集思广益，各抒己见，人人都尽其所能，这样问题就变得较容易解决了。它为每位学生参与学习提供了良好的课堂氛围，为发展学生的合作品质、提高学生的综合素质及终身学习的能力打下坚实的基础。

（四）群聊学习提高学生自学能力

群聊学习把学生由旁观者变为参与者。它要求那些已经掌握某种知识和技能的学生把知识和技能教给群组内的其他成员。作为群组中的成员，为了能够表达更清楚、透彻，必须对所学的材料进行认真的阅读和分析。其他学生也希望在交流平台上表现出色，因此他们就要做好充分的交流工作。学生的学习积极性提高了，自学能力自然就提高了。

语文课程改革的重要目标之一，是改变旧有的单一的接受式的模式，倡导动手实践、自主探究、合作交流的新型学习方式。群聊学习模式正是基于这一理念的一种新型的学习方式，它改变了传统课堂教学中那种单一、模式化、教条化、静态化的弊端，为师生互动创造了良好的条件。显而易见，现代的教学需要群聊学习这样的学习形式。

二、群聊激发学习期待

群聊学习在教学过程中是有针对性的，教师围绕教学的重点和关键，精心选择合作学习内容，合理安排合作学习时机，以激发学生的学习兴趣，提高课堂教学效率。

（一）群组构建，提供群聊学习保障

进行群聊学习，前提是要正确分群、合理分群。一般分群前先将学生分为 A、B、C 三层，再根据教学需要和班级人数分成若干小群。只有在明确小群成员配置的情况下，才能有效地布置相关的学习任务，达到群聊学习的目的。

（二）课前预习，激发群聊学习动力

学生课前可以通过 BYOD 平台提供的预习活动单，搜集、学习、整理相关资源，开展预习活动，按照预习单的要求完成预习任务。教师可以利用 BYOD 平台的"分群研讨"设置测验，如让学生将朗读的课文上传录音来检测朗读情况。学生可以观看自己和其他同学的完成结果，取长补短，激发学习兴趣。

（三）突破重难，找准群聊学习方向

教师利用 BYOD 提供的丰富资源，根据教学重难点寻找资源、分析资源，再利用 BYOD 的广播教学功能，将教育云平台资源库中的微课、电影、动画、游戏、图片、文字、音视频等相关材料，推送给学生，这样能给学生们视觉、听觉的直观刺激，使学生能够快捷、有效地对课文中的关键词语、重点段落"重锤敲打"，理解它们在文中更深层的意义。

（四）质疑问难，提升群聊学习品质

借助 BYOD 分群研讨和聊天室的作用，学生在预习时提出的疑惑，可以通过平台展现在教师面前，教师能便捷地了解学生对文章的困惑，并根据学生对知识的掌握情况，对预设的教学进行再调整，以使教学真正符合学生的学习需要。

（五）深度交流，分享群聊学习经验

在学习过程中，学生根据老师布置的任务，利用电子书包网络资源，自主探究。学生对自己所获得的信息进行去伪存真、选优除劣，把自己得到的结论与学习成果进行展示，并通过电子书包交流平台，对探究成果进行评价，交流分享经验。各自再完善自己的学习成果，并通过电子书包交流平台，对探究成果进行评价，交流分享经验。

（六）互动评价，促进群聊学习成长

学生利用 BYOD 的"分群研讨"功能进行协作探究式学习。通过 BYOD 的分组研讨的展示功能，将自己或小群的学习成果进行展示，其他同学可以通过在线问卷调查、投票,对该作品给予即时评价,教师也可以通过屏幕广播、一对一辅导、浮动辅导等形式及时给予辅导点评。学生根据教师、同学的评价意见进行修改。

群聊学习,让语文课堂有了激情,有了碰撞,有了争论,每一个学生有了话语权,学习时间、空间有了保证,学生的学习兴趣自然被激发出来了。在上课之前学生会充满期待:这堂课会不会又有群聊学习的机会? 浓厚的兴趣、高涨的热情必然给学生带来最佳的学习效果。

三、群聊提升学习品质

我校学生的 BYOD 可以满足孩子思考、阅读、听读、视读、互动、体验六大体验方式,孩子可以透过我们的 BYOD 延伸视读、听读、互动与体验等五位一体的多元学习通路。现就群聊学习模式基于 BYOD 应用于教学的案例,对 BYOD 在语文教学中是如何发挥其优势促进教学的,做一个详细的分析,并总结出适用于学生的学习模式。

(一)群群构建,提供群聊保障

1. 分群的原则

(1)内容确定原则。依据教学内容确定分层标准。如进行阅读教学时,一般 A 层同学为思维敏捷、态度积极、语言表达能力强的同学,可如果是作文教学,那么 A 层同学可能就是语言表达能力强、组织管理能力强的同学了,所以各层次学生的划分不是一成不变的。

(2)分群定员原则。根据群组数量确定各层人员。一般来说,A 层学生在小群中起群主的作用,C 层学生需要 A 层学生直接管理,所以,通常班中小群有几个,A、C 层同学就各占几个,其余归为 B 层,可以由群主带着参与学习。

(3)灵活切换原则。同质与异质分群灵活切换。同质,有利于教师重点辅导,使同群学生共同获得成功;异质,有利于同学相互帮助,有利于合作精神的培养。同质、异质各有所长,所以,课堂教学中,学生分层、分群都要按教学实际进行,灵活掌握,切不可固定呆板,从而失去小群合作学习的基本功效。

2. 分群的方法

（1）按学生人数分。每个小群人数以 4—5 人为宜，具体根据学生实际人数决定，一般保持每小群人数均衡。对于语文学习来说，小群人数少于 4 人，学生的思维得不到碰撞，也就达不到相互帮助、促进提高的作用；如果小群人数多于 5 人，往往不能保证每一个群内成员都有学习任务，这样也就失去了群聊合作学习的意义。

（2）按学习能力分。以语文学习能力为主要依据，把全班学生分为 A、B、C 三个层次：A 层为学习成绩稳定、思维敏捷、积极参与课堂教学的学生，B 层为学习成绩中等、能积极参与教学活动的学生，C 层为学习有一定困难、课堂活动参与性不高的学生。然后根据教学的需要进行同质分群或异质分群。

如我在教《哦，让我永远忏悔的狗》一课时，由于有了两个单元的复述训练，同学们都已经掌握了基本的复述方法，于是在课堂教学的后半时段，让学生进行复述的教学环节，我采用了同质分群的方法，让每群的 A 层学生坐一群，要求 A 层学生"根据提供的词句，加上自己的想象进行复述"，以增加复述的难度；B 层学生按照小群号数分 2、3、4 群，"根据课文提供的词句进行复述"；而 C 层学生集中在最中间的小群，在老师的直接参与下，"根据板书内容进行简要复述"。这样的分层要求，既让同质的学生互相帮助，有利于学生的共同提高，又让每一个层次的学生都有"跳一跳能摘到桃"的喜悦，有利于激发学生的学习兴趣，达到积极参与课堂教学的目的。

异质分群，就是每群都安排 A、B、C 三个层次的学生，A 层学生任群长，负责组织同群成员进行各项教学活动。这样的目的是让各层次学生有机群合，高层学生带动低层学生，低层学生受到了教师和同学的双重关注，从而使学生在群内互帮互学，保证了小群合作学习的顺利进行。

例如，在作文修改环节，我总是采用异质分群的方法，先由 A 层学生读自己的作文，然后大家点评，符合了哪几个习作要求，然后 B 层学生对照找出自己的不足之处进行修改，C 层学生则在 A 层学生的帮助下完成作文修改。这样在小群学习过程中，A 层学生可以帮助 C 层学生进步，而 B 层学生之间也可以相互竞争，共同进步。异质分群能充分利用优质学生的学习资源，帮助 C 层学生掌握知识，这远比学生"孤军奋战"要省时省力得多。

（二）课前预习,激发群聊学习动力

教师课前布置预习任务,在课堂上进行测试。教师可以利用电子书包系统中丰富的试题资源,对学生的预习情况做一个了解,并根据学生的预习情况对教学进度进行调整,以便接下来的教学活动顺利进行。学生在此过程中主要是利用 BYOD 答题,并在完成后将答案发送到教师端,在投影上同步显示。

《南极风光》一文,共 10 个生字,我采用群聊学习的方法,请群主带领成员"开火车"朗读课文和生字,生字中的难写字、易错字及多音字可以在群内交流的基础上进行全班交流,这样可以检查到每一个学生的预习情况。对于基础知识如查字典理解词语和课文中生字的字音、笔顺,可以通过投票功能来检测。BYOD 可以即时将投票结果进行反馈,并进行重点教学。

（三）突破重难,找准群聊学习方向

在解决课文重点、难点的时候用群聊学习的方法,能起到事半功倍的效果。三年级第二学期第三单元开始,要求学生学习复述课文,就是在理解、记忆课文的基础上,抓住重点词句,把课文内容讲出来。复述,需要较强的语言组织能力,如果教学不当,会让学生产生畏难情绪,以至于影响以后的学习。为此,作为学习复述的起始阶段,这个单元的课堂教学中,只要进入到复述环节,我都采用了群聊学习的方式。

比如,在教《起死回生》一课,要求对扁鹊给太子治病的内容进行复述时,我采用小组合作,让学生读课文的 11、12 节,圈出扁鹊给太子治病时的具体动作,用波浪线画出治病时太子的反应。组内交流,然后集体交流,并板书"按、切、贴、听、取、扎、捡"等动词。再根据板书说说扁鹊是怎样为太子治病的,先群主说（A 层学生）,然后 2、3 号（B层学生）说,最后 4、5 号（C 层学生）说。这样通过三个层面的复述,"口口相传",最后就连 C 层学生也能很流利地进行复述,提升了学习的有效性。

利用 BYOD 中的微视频也可以帮助学生有效地突破学习中的重点、难点。比如《詹天佑》,这篇课文的难点是理解两种开凿隧道方法的好处以及"人"字形线路设计的妙处。我们制作了一个帮助学生理解"人"字形铁路的微视频,结合文中写"人"字形线路的句子,利用动画进行演示,学生通过观看微视频,对于"人"字形线路的作用和好处立即领悟,对詹天佑这一人物的精神的体味也"水到渠成"。

（四）质疑问难，提升群聊学习品质

学贵有疑，在学生质疑问难时，开展群聊学习，最能让学生产生思维碰撞，最能激发学习兴趣，有助于让学生形成自己的见解，促进个性品质的成长。

《不知疲倦的人》一文中有这样一句话："此刻，他望着那紧锁的门，毫不在意地微笑了一下，重新走进书库里埋头读书去了。"这个句子违反常理，有学生在学习的过程中对此提出了质疑：门锁了，陈景润走不出去了，他为什么会毫不在意地微笑了一下呢？这个问题很有质量，为了让每个学生都参与学习，我组织开展了在线群聊学习。在小群中，每个人都有了发言的机会，大家讨论得十分热烈，有的说："他正想要看书呢，锁了也没关系，正好可以安安静静地继续看书了"；有的说："陈景润发现门锁了，想喊吧，图书管理员也听不见，等吧，还要一段时间了，还是继续看书吧"；还有的说："陈景润本来就想看书，现在门锁了，没人打搅了，正好可以继续看书了"……我在学生讨论的时候在线适时点拨：毫不在意是什么意思？（一点也不在乎）他不在意什么？（被关在里面；吃不到午饭）那么他更在意什么呢？（看书；有一个安静的环境）说明了什么？（陈景润是一个不知疲倦的人；是一个争分夺秒的人；是一个孜孜不倦的人……）

在课堂上让学生对此进行学习交流时，同学们有了群聊合作学习的基础，回答问题踊跃，思路清晰，有自己独到的见解，语言表达流畅，取得了极好的教学效果。

（五）深度交流，分享群聊学习经验

深度交流是利用群聊人员少带来的时空优势与心理优势，使师生、生生在教学上进行深度交流。群聊学习相对于大班学习，拓展了学习的时空，并为学生营造了宽松的学习氛围，提供了充分的发表意见的机会，特别是给予了质疑的机会，积极鼓励不同意见的充分讨论，真正实现了技术促进学习的"发生"。

记得上《带刺的朋友》一课时，课文还没最后总结，有学生便举手提问："既然课文写刺猬，为什么课题不直接写成'刺猬'呢？"大家一下子有点愣住了。这可是个很有价值的问题，我马上开展小群讨论，并及时深入小群点拨指导。

群内同学开始争论起来。一个学生说："因为'朋友'突出了'我'对刺猬的感情。"（很到位！）

"那课题也可以写成'我的朋友'啊?"另一个同学受到启发又问。

"可刺猬是动物,不是人啊。"(还有一个接口就说)

回答有点偏颇,我马上引导说:"动物就不能是我的朋友了吗? 我们人类就应该和动物成为朋友的啊,我们要和动物和谐相处啊。"

"对呀!"学生们一片赞同声。

这时我继续引导学生:"想想'带刺'能突出什么?"

学生一下明白了:"带刺突出了刺猬的特征。"

"所以'带刺的朋友'既点名了刺猬的特征,又突出了我对刺猬的感情。"

学生们顿悟:课题起到了画龙点睛的作用!

群聊交流让学生们学得生动,学得快乐!

（六）互动评价,促进群聊学习成长

课后发布研讨,是强调在群内学生充分交流后将突出的问题在群间充分互动探讨。"互动"是两个或者更多的人或者小群相互交流思想感情,传递信息并对对方都产生影响的过程。"互动"的本质在于"活动中交流、交流中展开活动",其目的是在活动的交互过程中让学生变被动为主动,促进学生动脑、动口、动手,从而激活学习潜能。群际交互是群聊合作学习中的要点,它可以有以下情况:同一问题,各群发表自己小群的意见;同一学习主题内容,各群展示不同的表达方式。

我在教作文讲评课《他(她)真——》结束时,让学生进行修改练习。我在分群研讨中出示习作片段:有一次,妈妈下班回家,发现我生病了,发了高烧,她没顾得上吃饭,便背着我去了医院,陪着我打点滴,一直到半夜才回家。第二天早上,妈妈依然早早起床,为我们准备好了早饭,只是她的眼中布满了血丝。

然后请各群合作修改,从人物的语言、动作、神态、心理活动等方面加以补充,将"妈妈照顾我"这件事写具体,使文章形象生动。

各群完成后,我请一个群进行汇报。这个群修改成这样:有一次,妈妈下班回家,发现我躺在床上,脸发红。用手一摸我额头,焦急地说:"呀,你发烧了!"说完,便背起我向医院跑去。到了医院,医生为我做了检查,让我打点滴。妈妈怕我疼,不停地在我的手背上轻轻按摩着,又怕我冷,把她的外套脱下来披在我身上,并不停地问我:"疼不疼？要不要吃东西……"一直到半夜才回家。第二天早上，妈妈依然早早起床，为我们准备好了早饭，只是她的眼中布满了血丝。

交流完毕，另一个群内成员马上发言，说："他们群在人物的语言、动作方面增加了描写，但神态方面修改得不够，我们群比他们做得好。"于是我请他们群交流，原来，他们在第一句上面做了修改："有一次，妈妈工作了一天，满脸疲惫地回到家。"

还有一个群继续补充，说："在文章的结尾可以加上作者的心理描写：'看着妈妈发红的双眼，我忍不住流下了眼泪，默默地想：妈妈，你真辛苦！'"

这样的群际交流，让一篇简短的文章立刻丰满起来，虽然学生们的文笔还很稚嫩，但他们这样的学习热情必将对他们写作水平的提高起到很好的促进作用。

总之，在整个电子书包教学应用的过程当中，教师借助电子书包给予学生充分的自由空间，改善着以往教学中不能给学生提供充足的思考空间这一不足，将"个性学习"和"群聊学习"较为和谐地结合在一起。学生通过自主阅读、展示并分享不同的感悟信息，使得独立思考、合作研究、交流反馈能力都有提高，在师生、生生的互动中实现了情感需求和自我价值。

温馨提示

群聊学习能补充我们的学习模式，带来更多的思维碰撞。将群聊学习模式作为一种学习方法引入语文教学中，虽然对语文课外阅读有着积极的促进作用，但是其自身的缺陷及使用中的问题也是不容讳言的：

1. 学生可以利用电子书包进行各种协作、合作、在线交流、问询、答疑，但这些大部分都是以电子对话的形式来实现的。长此以往，学生的口头表达能力及形体语言的发展都有可能会降低。

2. BYOD 的资源应用与实际需要脱节。BYOD 上的相关资源都是固定的，很少根据特定情况来进行专门的设计，这就导致教师们要主动去适应上面的课件资源，而不是课件资源去适应教师的需要。而许多预设的有关"电子书包"的应用与场景，无法形成课件资源的"常态化"管理与应用。

（撰稿者：李　敏）

范式 5-4————————————————————————————

圆桌学习：突破思维定势的局限

小学三、四年级的学生,处于从低年段向高年段的过渡时期,开始出现分化性学习兴趣,对需要独立思考的学习更感兴趣,在对自我的评价上开始逐步独立地对自己进行评价。

这时,我们可能需要改变原有的课堂教学模式。如果把课堂作为师生围着主题就餐的圆桌,那么,在圆桌上,大家可以自由地品,自由地评;在圆桌上,大家有平等亲切的交流;在圆桌上,你可以方便地给大家推荐你喜欢吃的菜,坐在席位上的教师也能很好地调控学习的进程……任何一个后来者只需增加桌椅就可以平等地加入到学习的行列之中。从这个意义上说,"圆桌学习"具有教育的本质特征。基于学校BYOD模式研究的背景下,我们尝试"圆桌学习"的实践与研究,让学生不断突破思维定势的局限。

一、圆桌,打开学习新局面

什么是"圆桌学习"? 这还得从"圆桌教学法"说起。1931 年,美国菲利普斯埃克塞德学校在经历了 150 年传统教学之后,在石油大亨、慈善家爱德华·哈克尼斯的帮助下,创造并开始实践一种变革性的学习方式——"圆桌学习"。在这种学习方法里,每个教室里都配有一个椭圆形桌子,约 12 位学生围坐在桌旁充分讨论学习内容。至今，这种"圆桌学习"已历经 80 年的研究实践并在埃克塞德学校所有学科教学中有效展开，同时也已延伸到了美国乃至全世界其他多所学校。

那么，"圆桌学习"的意义在哪里呢？

（一）目标上的生成性

圆桌学习作为创新教育的一种特殊方式，颠覆了传统教育授课教师一对多的教学模式。在传统教育中，学生只有在教师授意的情况下方可进行思维的拓展与延伸，即便自己已经有一定的想法与意见，也不能即时确定这样的理解是否正确。因此，对于教学目标的理解会存在一定的延迟性，当自我意识萌生的时候，只能在心中反复揣测是否贴合学习目标，不能得到即时的反馈，容易错失理解课文的最佳时机。而圆桌学习则不同，学习中出现的任何思想变动，学生都可以与教师形成即时的互动，从而随时确定自身理解是否有误，对于教学目标及学习目标的生成具有积极的促进作用。

（二）内容上的流动性

对于语文教学来讲，词句理解这一项教学内容十分重要。教师群体作为传授语文知识的主要群体，十分注重学生对于词句的自我理解与延伸。一篇好的文章，会有"仁者见仁、智者见智"的良好讨论空间，没有任何一篇语文课文，会允许被界定为一种统一的理解方式。在语文教学的空间里，没有"只有这样理解才正确，只有那样理解才恰当"的思维定势。围坐在圆桌四周，这样的一个座位设置，首先破除了内容理解的格局定式。同一篇语文课文，会在圆桌成员的轮流表达之中被传递、沟通，这就在一定程度上成就了语文教学内容的流动性。语文教学是"活"的文化传承，因此流动起来的文字文化，更能从文字理解的深度与广度之中体现其历史及文化价值。因此，圆桌学习在内容上的流动性对于语文教学是十分必要的。

（三）主体上的民主性

在中国的传统观念中，教师的主体地位是不容置疑的，学生秉承着尊师重教的思想原则。引申到课堂之上，更会在思想深处形成对于教师的无条件尊崇与服从。从传统意义上来讲，语文教学的教学主体是教师，教学客体是学生，教师教什么，学生就学什么，教师要求怎样理解，学生就怎样理解，这使教学过程呈现出无法避免的"专政性"，也在一定程度上束缚了学生的发散思维，从而影响教学质量。而圆桌学习则颠覆了传统教学主客体的设置，在圆桌学习的过程当中，学习演变成为一种交流与沟通的有效方式，教学过程的主客体是随时变化的，教师、学生均能够成为教学活动的主体，也能够成为教学活动的客体。在教师提出问题之时，学生成为客体，而在学生发表见解之时，教师又成为教学活动的客体，如此循环往复，形成教学活动的良性互动，更大限度地提升教学活动的民主性与平等性，不仅在心理思想架构上有助于学生发表自己的独到见解，更让教师能够更加容易地获取学生的真实见解与想法，这对于教学活动而言，效果是十分明显的。

（四）方法上的对话性

在教学领域固有的传统模式中，教学过程是一种灌输过程，中国古语也有"师者，传道授业解惑也"的见解。在以往的教学过程中，教师似乎更加注重对于"授业解惑"方面的研究，而无意中忽略了与学生之间的即时对话。在圆桌学习过程中，教学过程其实更像是一个管理与沟通的过程，从社会科学层面来讲，圆桌学习模式下的教学活动，不仅体现了教育学领域的特性，更充分地体现了管理学中关于沟通方式的特性。简单而言，圆桌学习的教学，实际上是一个管理学中沟通的过程。从管理学层面来讲，沟通的必要条件就是对话。因此，基于深入对话而形成教学理念、传播教学内容、形成思想共鸣、开解学生疑惑，是圆桌学习的重要特性之一。

总之，基于 BYOD 学习模式下的圆桌学习，真正突破了师生间思维定势的局限，对教学目标及学习目标的生成具有积极的促进作用，更让教师能够更加容易地获取学生的真实见解与想法，促进了学习的有效性。

二、圆桌，突破师生思维局限

在现代教学模式中，圆桌学习的引入已经不是一个完全陌生的概念。经由西方教育学以及社会科学领域的大胆探索，圆桌学习已经具备了纯熟的操作流程以及先进的交流经验。与此同时，在学校 BYOD 模式的教学新探索之下，圆桌学习基于广泛的沟通性及共享性，呈现出更为深入、更为广泛、更为多元化，也更容易分享的教学体验。

（一）抛出话题

教师可通过电子设备，与学生同时建立沟通网络，围坐圆桌共同开启教学话题、分享教学内容、拓展教学思维，查找相关知识链接。因此，教师会先抛出话题，为一场沟通交流打开局面。

（二）主题发言

经由教师抛出话题之后，围绕教师抛出的话题主题，学生们应当能够开始一场发表见解的自主发言。在这个发言过程中，按照学生自觉表达的意愿以及基本的社交礼节，进行有次序的自由发言。

（三）交流对话

在学生各自进行自主发言的同时，教师可依靠电子设备简要记录学生发言的基本情况，并依据其发言内容与教学目标的契合度深浅，来进行有先后次序的交流对话。在与某一学生交流对话的过程中，允许其他学生借由电子设备记录自己认为与自身相契合的见解与观点。

（四）点拨方法

教师通过与每一位学生的深层次对话，了解到每位学生别具一格的思想与见解。当学生在理解方面出现偏差时，教师可根据学生的自我表述，掌握学生思维方式出现偏差的关键性节点，进行一对一的方法指导与点拨，从而更好地培养学生思考问题的能力与辨别力。

（五）归纳总结

在完成一场自由且丰富的交流对话之后，教师将借由教学目标开展一次归纳总结。在归纳总结当中，教师将进一步明确教学内容的方向性与内涵，针对学生的意见，总结出几种不同的观点，针对这些观点进行适当的引导与指点，从而在承认学生学习自主性的同时，促进教学目标的实现。

总之，BYOD 学习模式下的圆桌学习是通过网络终端的联通，达到师生互动学习的目的，学生和教师在网络上建起了教与学的桥梁，有利于学生自主交流不同想法，更有利于教师对学生的想法做最及时的解答。

三、以圆桌学习促课堂教学

圆桌学习为我们提供了一种可以通过网络查阅资料、通过电子设备共享信息、通过交流沟通实现教学的有效方式，教师更能够从教学与互动的过程中掌握每一位学生的思维模式及心理活动，从而对因材施教、教学相长发挥积极的促进作用。现选取沪教版小学语文三年级课文《妈妈，我不是最弱小的》作为案例，进行一场圆桌学习。

圆桌学习过程（学习总共分为六个层次）

首先由教师与学生共同开启电子设备，读取课文原文。

【第一层次：导入课题】

（一）教师抛出话题

师：同学们，看着这个情景，能不能用几句话描绘一下这美好的画面？（引导：直接说你看到的。）

（二）学生主题发言

（生围绕看到了什么进行交流。）

师：森林里，阳光灿烂，树木青翠，一丛丛野蔷薇正盛开着，蝴蝶在花丛中飞舞。（电子设备出示第2自然段）这一丛丛粉红色的就是蔷薇花。"蔷薇"是个生词。那灌木和蔷薇有什么关系呢？利用电子设备，看看课后的注释，谁来说清楚它们的关系？

（三）交流对话

生：蔷薇是灌木的一个种类。

（四）点拨方法

师：看来注释不能一眼扫过，要仔细读一读。原来，蔷薇就是一种——灌木。

（五）总结归纳

师：我们要学会对一种事物定性。比如，蔷薇是灌木，或者，大家也可以说它是一种美好的象征。

【第二层次：1. 教学阶段性目标：学习概括段落大意】

（一）教师抛出话题

师：现在，让我们一起通过朗读再次用心感受这样的美景。

师：在这样美好的环境里，发生了一个什么故事呢？就是妈妈与萨沙的故事。

（二）学生主题发言

（生围绕妈妈与萨沙的故事交流。）

（三）交流对话

师：大家已经预习过课文了，课文中的这一家人，他们分别是——

生：父亲，母亲，托利亚，萨沙。（引导说完整）

（四）点拨方法（思路引导）

师：课题中的"我"指的就是这一家人中的——萨沙（电子设备手写输入：萨沙），一个才四岁的小女孩。

师：他们究竟遇到了什么情况呢？小萨沙他们究竟遇到了什么事？

师：要把这件事情的大致内容说清楚，先要搞明白它是在什么情况下发生的。（手写输入：起因）来，我们边读课文的 1—3 自然段，边想哪一个自然段介绍了故事的起因。

（五）总结归纳

师：我们要在读懂段落大意的基础上来理解和分析，才能把握住文章的原意。

【第三层次：词语的积累】

（一）教师抛出话题

（电子设备手写呈现：突然，雷声大作，天上飘下几滴雨点，接着大雨如注。）

师："大雨如注"的"注"在字典里有三个解释，这里应该选择哪一个？大家可以通过电子设备查阅。

（电子设备显示：①集中；②灌入；③记载，登记。）

（二）学生主题发言

（生查阅电子设备，针对字义发表见解。）

（三）交流对话

师：你还知道哪些描写雨下得很大的词语呢？

生：倾盆大雨、瓢泼大雨、滂沱大雨。

（四）点拨方法

师：我们来认识"滂沱"这个生词。

（五）总结归纳

师：两字都是三点水，是形声字。水势浩大，形成水湾，形容雨非常大。

【第四层次：2.教学阶段性目标：学习概括在大雨突临时萨沙看到的内容。】

（一）教师抛出话题

师：就在这大雨如注的突发情况下，小萨沙看到了什么呢？

（电子设备显示：看到）

（二）学生主题发言

（生交流看到了什么。）

（三）交流对话

（生交流看到这些景象后小萨沙的心理活动。）

（四）点拨方法

师：要说清楚看到了什么，先要找到课文哪一个自然段？

（电子设备显示第4自然段）

师：这段内容怎么说清楚的呢？同桌一起商量下。

生：萨沙看到托利亚和妈妈互相谦让着雨衣。

生：最后托利亚给萨沙穿上了。

师：（电子设备显示：托利亚妈妈）托利亚和妈妈互相谦让雨衣，"互相谦让"这个词组就把前面这么多内容讲清楚了。

（五）总结归纳

师：我们在总结归纳一段故事段意的时候，一定要注意表述的完整性与连贯性。

【第五层次：3.教学阶段性目标：深入学习课文，感受小萨沙的童真。】

（一）教师抛出话题

师：看到这些，小萨沙很不明白，于是，她与妈妈之间有了这样一段对话。（电子设备显示5—8自然段）

师：大家能说说萨沙与母亲之间的情感交流是怎样的吗？（电子设备显示：交流）

（二）学生自主发言

（依实际授课情况进行聆听指导。）

（三）交流对话

（由教师与学生分别开展母亲与萨沙的角色对话。）

（四）点拨方法

师：你已经读懂了小萨沙此时此刻的想法，她决不做——最弱小的人！（电子设备显示：决不做——最弱小的人！）

（五）总结归纳

师：我们在理解一篇课文的时候，要设身处地地将自己幻化成为文中的角色，这样才能更好地理解大意。

【第六层次：4. 教学阶段性目标：学习指导概括萨沙的行动。】

（一）教师抛出话题

师：小萨沙用自己的实际行动来证明。她是怎么做的呢？

（二）学生主题发言

（生围绕具体做法交流。）

（三）交流对话

（生围绕萨沙的心理活动交流。）

师：萨沙朝蔷薇花丛走去，掀起雨衣的下部，盖在蔷薇花上。走过去的目的是什么？大家来表达一下萨沙的心理活动。

（四）点拨方法

师：咱们来看看雨中的蔷薇花。（电子设备显示第二句话）一起读一读。

（电子设备显示：是啊，风雨中的蔷薇花是那样得——纤弱，正是因为它毫无自卫能力，是弱小的，所以萨沙才会去保护它。）

师：那在概括时"纤弱"这个词重要吗？现在谁来说，萨沙是怎么做的？

师：看着被自己保护的蔷薇，萨沙的心里一定充满着——自豪。（电子设备显示：自豪）难怪她会对妈妈说——（引读）现在我该不是最弱小的了吧？

师：是啊，现在你保护了弱小，是个强者，是个勇敢的人啦。（电子设备显示：保护弱小）

（五）总结归纳

师：大家对于课文的理解可以说是见解丰富，也都呈现了大家各自的特点，在我们学习的过程当中，大家要秉承自己的观点，当然，也要保持自身认识的正确方向，要勇于交流，这样我们才能够更好地把课文的思想变成自己的知识。

可见，BYOD学习模式下的圆桌学习能有效促进师生课堂教学的互动展开，打破传统教学的单一性和局限性，真正让学生成为语文课堂教学的主体，突破思维定势，让教师的"教"不再具有"专制性"，起到点拨总结的作用。

温馨提示

虽然圆桌学习能补充我们以往的学习模式，给学习带来更多资源、变化及优势，但如按照上述操作步骤实践，还须注意以下几个方面：

1. **科学分配圆桌学习中每位学生学习的时间**。由于每位学生的学习能力不同，在圆桌学习的过程中对于教师抛出的每一个问题思考的角度深度也不同。比如，很宝贵的教师与学生交流的环节，最好不要只关注到学习能力较强的学生，或是因为追求教学进度而剥夺能力较弱学生的交流时间。

2. **合理选择教学媒体**。任何一种媒体都有其长处，没有哪一个选择始终是最好的。各种不同的要素混合，意味着学习者可以从不同感官被吸引和激发。在圆桌学习过程中，每一次练习或图片的发布要切实，不宜过多，否则容易造成学生注意力不集中，不能很好地进行交流。

（撰稿者：彭　琼）

第六章　深度：直抵心灵深处的力量

深度是一股穿透力，是一股直抵心灵深处的力量，它将决定你能走多远。一个人如果想要成为一个行业的精英，他就需要不停地去追求深度，然后开拓创新。而所有创新的灵感，都是深度学习下的力量产物。深度之于学习，既能让人头脑中浮现出具象的学习画面，也能引发人对学习进行理性、抽象的思考；既能让个体相对轻松地各抒己见，进行个性化表达，也能让群体相对容易地达成某种共识。

比较学习：让思维碰撞出火花

混合学习：线上线下共同促进学习

迷你学习：更好地满足个性化学习需求

深度学习：聚焦高阶思维的未来课堂

探究学习：让学习更主动、更愉快

深度是一股穿透力，是一股直抵心灵深处的力量，它将决定你能走多远。一个人如果想要成为一个行业的精英，他就需要不停地去追求深度，然后开拓创新。而所有创新的灵感，都是深度学习下的力量产物。深度之于学习，既能让人头脑中浮现出具象的学习画面，也能引发人对学习进行理性、抽象的思考；既能让个体相对轻松地各抒己见，进行个性化表达，也能让群体相对容易地达成某种共识。

在教学过程中，对深度学习的践行要达到形神兼备的境界。深度学习之"形"，就是着眼于"才"的培养，培养孩子的思维方式和学习能力，使其想学、会学、乐学；深度学习之"神"，就是着眼于"人"的培养，培养孩子的学习品质和人格气质，让学生形成思想自觉和行动自觉，直抵灵魂深处，做到立德树人。

教与学的色彩是多样的，这使得深度的穿透力愈发绚烂多姿。

比较学习，让思维变得深入。通过对比纠错、分类求同、辨析求异等方式，带领学生超越表层的知识学习，加强思维辨析能力。

差异学习，让创新得以深化。通过语言互动、任务分层、协同合作等方式，鼓励学生由点及面的知识迁移，培养创新创造能力。

混合学习，让表达愈发深刻。通过语言模仿、情感朗读、训练表达等方式，激发学生走向深层的知识运用，提升语言表达能力。

迷你学习，让碎片加以融合。通过课前导学、课中互学、课后固学等方式，给予学生适切丰富的知识拓展，促进批判思维能力。

布点学习，让互动走向优化。通过感知激图、布点优图、反思评图等方式，利于学生建构动态的知识网络，搭建框架结构能力。

慧心学习，让心灵得到滋养。通过线上朗读、方法再现、线下表达等方式，生发学生意趣灵动的言语智慧，丰盈语境表达能力。

深度学习，让维度飞向深处。通过比较建构、积极体验、深度反思等方式，推动学生创设丰厚的知识体系，重视迁移运用能力。

探究学习，让活动提升自信。通过提出问题、解决任务、分享结果等方式，促进学生合作交流的积极心态，掌握科学探索能力。

深度学习已成为当今时代背景下一种重要而有效的学习方式和学习理念。它由表入里，循序渐进，在学生的深度参与过程中，实现知识传递到学习过程的重心转换，慢慢浸润至心灵深处，熏染孩子的情感态度，丰盈他们的心灵世界。

当然，深度学习不代表难度学习，而是提倡主动性、批判性的有意义的学习，要求学习者在真实社会情景和复杂技术环境中更加注重批判性的学习和反思，通过深度加工知识信息、深度理解复杂概念、深度掌握内在含义，主动建构个人知识体系并有效迁移应用到真实情境中以解决复杂问题。从本质上说，它是一种以理解为导向、以理解深度为表征的学习，旨在追求对学生高阶能力的培养。借助有效的学习模式，让学生由浅表学习走向深度学习，由初级理解向深度理解发展。

为教之道在于导，为学之道在于悟。深度之于学习，如同膳食的制作与加工，是一种精加工，是一种教学的艺术，是一种学习的艺术，更是一种智慧的表现。当在深度遨游中抵达形神兼备的境界后，审视走过的路，渐有豁然开朗的感觉，也便有了欣赏风景的心境。

◉ 范式 6-1 ─────────────────────────

比较学习：让思维碰撞出火花

数学概念是反映客观事物在数量关系和空间形式方面本质属性的思维形式。某些概念在表达形式或内涵、外延方面存在着一定的联系和区别，但对小学生而言，在一些相近概念上容易出现混淆的情况。究其原因，一是教师教学方法有所欠缺，没有设计有思辨性的探究环节；二是学生在感知和梳理知识时，只识"面"，不识"里"，没有看清问题本质；三是学生触类旁通的解决问题的方法还有待加强。基于此，我们可以借助 BYOD 教学开展"比较学习"，让学生通过比较相似的例题，引发思考，理清思路。

一、思维博弈，柳暗花明

比较学习是指在学习的过程中，学生通过对相似数学材料的同时呈现来进行比较、分析，从而了解知识的形成过程及内在联系。学生通过恰当运用比较的方法来思考问题，通过对比、对照，比较相近概念，从而达到理清思路、掌握知识与方法、提升思维品质的目的。

乌申斯基说过："比较是一切理解和思维的基础。"比较的方法有选取一点比较、选取典型比较、选取不同类型比较等。比较学习改变了过去小学数学各年级脱节的教学局面，也加强了小学数学各部分知识间的相互联系，使所学过的知识融为一个有机整体。例如从教育心理学的角度而言,学生在学习了分数的有关知识后,会在大脑中形成关于分数的定义、意义、性质、单位、运算方法等概念。在学习小数时,通过与分数对比学习,找出二者的区别与联系,运用对比思维的方法可将原来学过的概念进行转化,从而解决新问题。通过比较学习,学生大脑中原来的思维定势被打破,并很快升华到一个新的水平,在新的高度上重新形成一个新的思维方法。静态的思维方式被转化为动态的思维方式,有利于培养学生的动态发散性思维能力,使学生学会学习新知识、新方法,形成从容跨入新的知识境界的能力,进而造就学生良好的数学素养和学习探究能力。

比较学习有三大优点,分别是:

(一)比较学习能让学生思考全面,思维更为丰富

比较学习可以让学生对问题的认识和理解更全面、深刻。教师可以发布一个主题研讨任务,让学生在该任务下畅所欲言,其他同学可以借鉴、思考和评价。学生们往往从不同侧面对某一问题进行分析和阐述,各种思考方法兼而取之,可以相互补充,从而起到激发灵感、促进思考的目的。

(二)比较学习能让学生对比分析,思考更为深入

由于课堂上呈现的学生思维方法不尽相同,甚至完全对立,教师可以通过分屏投影,让学生独立思考、讨论,甚至辩论,从而理清思路,促进思考朝纵深发展。

(三)比较学习能让学习目的明确,跟踪更为有效

比较学习往往是针对某一问题而进行的集中学习,目的性明确,教师可以在比较学习后推送一组跟进练习,实时掌握学生的答题情况,有助于了解比较学习的成效以及改进后续教学方法。

在一次次对比中,学生的思维从模糊到清晰,从浅层到深层,学习效率就会有更大的提高。

二、多样对比,理清思路

"比较学习"是通过比较相似的数学材料,引发学生思考,寻找不同的思考路径和解决方法，从而提升学生数学思维品质。现就日常教学中经常会使用的一些比较方法，做具体实践操作的说明。

（一）对比纠错，拨乱反正

对于一个新知识的习得，有些同学掌握较快，有些同学则容易出现理解上的盲区。这时候老师不用急于打断或纠正，而是可以同时分屏呈现对、错两种解题思路，让学生自主观察、讨论、思辨，然后让意识到问题所在的学生在画板上直接改过来，这个从"无"到"有"、从"错"到"对"的过程对学生来说更为有意义。

（二）对比分析，拓展思路

我们在课堂上鼓励算法的多样化。一个问题往往有多种解题思路和解题方法，教师可以多呈现、多鼓励，使不同层次的学生在数学上得到不同的发展，同时这也是尊重学生个性化学习、促进学生个性化发展的有效途径。

（三）对比求同，择优而用

对于同一个问题，有些学生会采用常规传统解决问题的方法来思考和解决，但也有部分同学能发现规律，找到更为简便的方法来解决问题。这时就需要分屏投影，让学生说一说这些方法的异同点和优缺点，从而比较得出更为优化的解决方案。

（四）对比类题，辨析异同

小学数学中的有些概念在表达形式或内涵、外延方面存在着一定的联系和区别，对于小学生而言容易出现混淆的情况。教师可以列举相似例题，通过对比呈现，给予学生充分的时间来观察、体验、感悟，梳理两者的不同之处，从而让自己对概念的理解不是浮于表面，而是能认清本质，深化认知，从而牢固掌握。

三、思维碰撞，火花四溅

在日常教学中，有些"比较学习"的发生是老师预设的，而有些则是课堂上即时生成的，不论何种发生的方式，都是帮助学生深入思考的好机会。

（一）对比纠错，拨乱反正

对于长方形面积和周长的概念学习，三年级学生容易混淆，教师可以就此设计一个测量的任务，让学生通过体验操作将测量方法反馈在 Pad 上。通过不同测量方法对比，帮助学生进一步辨析清楚周长与面积的区别。

任务：数学书封面的周长是多少呢？动手量一量。

测量工具：

测量方法：

测量结果：

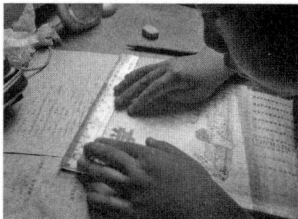

答　案20：测量工具：直尺
　　　　测量方法：用直尺测量数学书的长和宽，把长和宽相加，再乘以2量。
　　　　测量结果：88厘米

○对　○错

学　　生：1　郑瀚

作业 1

答　案17：测量工具:直尺
　　　　测量方法:测量出数学书的长和宽
　　　　测量结果:20X17＝340(平方厘米)

○对　○错

学　　生：1　于楚尧

作业 2

通过这两组作业的对比，学生很快能说出第一种方法是在测量封闭图形一周的长度，而第二种方法是在测量封闭图形的大小，从不同的测量方法引出周长与面积的不同含义。理清概念后，还要让前期做错的同学来说一说他一开始的理解和后期思辨后的理解，从而达到理想的教学效果。

（二）对比分析，拓展思路

数学课堂需要每个孩子的参与，可是我们常常把课上成了优秀学生思维展示课,忽略了其他层次孩子的生长点。通过比较学习,教师可以通过屏幕充分展现孩子们各种丰富的思考方式,拓宽孩子们思路的同时也激发了孩子们参与课堂的热情。在三年级下学习《两位数乘两位数》一课时,我在大屏幕上呈现了一幅 14×12 的点子图,让学生思考能否用我们学过的方法来解决新知识。我将学生不同的思考方式都呈现了出来:

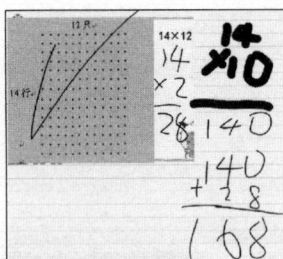

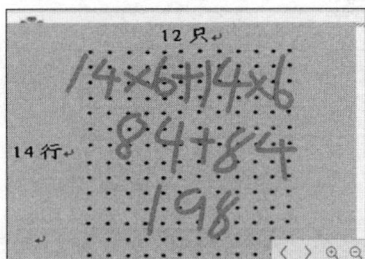

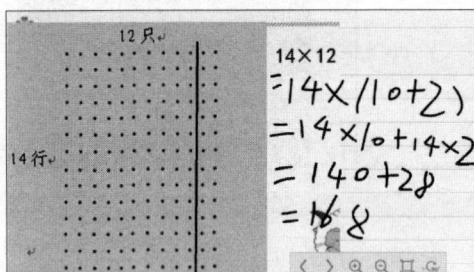

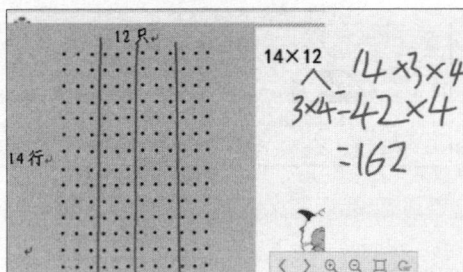

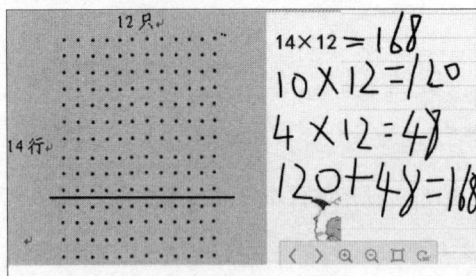

同一张 14×12 的点子图,每个孩子眼里看出的内容是不同的,虽然有些同学在计算上还存在问题,但是他们的思维方法是值得肯定的。其他同学也在他们的启发下,又想出了 $14 \times 12 = 7 \times 12 + 7 \times 12$、$14 \times 12 = (20-6) \times 12$ 等方法,比较学习在调

动学生积极参与探究活动的同时，也拓宽了学生的思路。

（三）对比求同，择优而用

我们可以用"算法多样化"调动班级各层次学生学习的热情，同时也要讲究算法的优化。在计算不规则直边图形的周长时，我让学生拍照上传各自的计算方法。

我让学生先比较了两种周长计算的异同点，一学生说两者的计算结果都是一样的，但是第二种方法计算更简便，看上去也更简洁。的确，数学的"简洁美"可以通过优化的计算来体现。通过这两组照片的鲜明对比，学生对周长的计算方法不仅多样化了，也更简便化了。

（四）对比类题，辨析异同

对于学生较难理解的知识点，可以循序渐进，逐层分析。

1. **筛选概念，抓住难点。**沪教版四年级第一学期第四单元《解决问题》中，有一题是这样的："工程队修一条长约 84 千米的公路，原计划 28 天完成，实际 21 天就完成了，实际每天比原计划多修多少千米？"按照以往的教学经验，大部分学生根据实际"工作效率－原工作效率＝工作效率差"的数量关系式，列出的算式都是 84÷21－84÷28＝1（千米），但也有小部分同学根据"工作量÷工作时间＝工作效率"数量关系式列出的算式是 84÷（28－21）＝12（千米）。其实问题就出在"工作量÷工作时间＝工作效率"与"工作量÷工作时间差＝工作效率差"到底是否等价。我发布了一个课堂投票，发现有不少学生都认为这两个数量关系是一样的。学生根据乘法分配律的经验，很容易把"工作量÷工作时间＝工作效率"与"工作量÷工作时间差＝工作效率差"等同起来，而实际上后者是错误的数量关系，这是知识的"负迁移"。那么怎么才能让学生辨析出正确的数量关系呢？这就需要老师准备好不同的教学方法。

2. **对比例题，辨析异同。**我在重建课堂中同时将两道看上去很相似的应用题通过 Pad 推送给学生，让学生思考并写出过程：

① 甲工程队修一条长约 84 千米的公路 28 天完成，乙工程队同样的时间修了一条 112 千米的公路，乙工程队比甲工程队每天多修多少千米？

② 工程队修一条长约 84 千米的公路，原计划 28 天完成，实际 21 天就完成了，实际每天比原计划多修多少千米？

我先将学生第一题的思考过程通过对比，呈现出来：

①甲工程队修一条长约84千米的公路28天完成，乙工程队同样的时间修了一条112千米的公路，乙工程队比甲工程队每天多修多少千米？ $(112-84)\div 28$ $=28\div 28$ $=1(km)$	①甲工程队修一条长约84千米的公路28天完成，乙工程队同样的时间修了一条112千米的公路，乙工程队比甲工程队每天多修多少千米？ $112\div 28 - 84\div 28$ $=4-3$ $=1(千米)$

第一次对比呈现后，我让学生说一说这两种思路是否都对。

生1：都对。第一个数量关系是"两个工程队工作总量之差÷工作时间＝两队工作效率差"，第二个数量关系是"乙工程队工作效率－甲工程队工作效率＝两队工作效率差"。由数量关系可以看出，这两种解题思路都是正确的。

生2：我也认为都是对的。我是这样思考的，第一种方法和乘法分配律类似，所以这两种方法都是对的。

我肯定了第一位同学的思路，对第二位同学的说法没有马上给予评价，虽然在数学中，除以一个数就是乘上它的倒数，1/28 就变成了此题的一个因数，可以用乘法分配律来解释，但对四年级学生来说，在除法算式中解释乘法分配律显然超出了他们原先的知识储备，并不利于他们更有效地辨析乘法分配律。我马上呈现第二题解题思路的对比：

②工程队修一条长约84千米的公路，原计划28天完成，实际21天就完成了，实际每天比原计划多修多少千米？ $84\div(28-21)$ $=84\div 7$ $=12(千米/天)$	②工程队修一条长约84千米的公路，原计划28天完成，实际21天就完成了，实际每天比原计划多修多少千米？ $84\div 21 - 84\div 28$ $=4-3$ $=1(千米)$

我将学生的不同思考过程都展示了出来，很多学生从算式答案中马上发现了两者的不同。不少同学有这样的疑惑：第一种方法很像"乘法分配律"，可是为什么与第二种传统方法做出的答案不同呢？到底哪一种方法才是正确的呢？

我让学生根据题意画出线段图和除法性质比较两种方式，对题 2 进行再一次的对比：

◇ **方法一：画线段图**

根据"实际工作效率－原工作效率＝工作效率差"，画出求工作效率差的线段图。

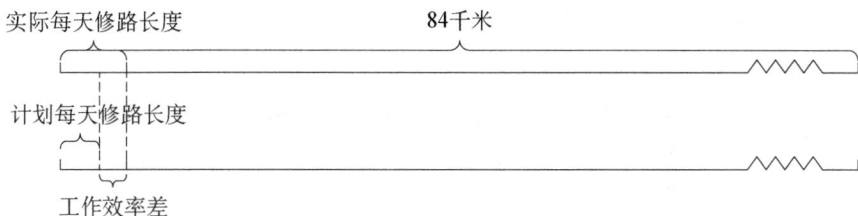

师：请同学们把上图与"工作量÷工作时间差＝工作效率差"这张线段图进行对比，哪个数量关系正确呢？

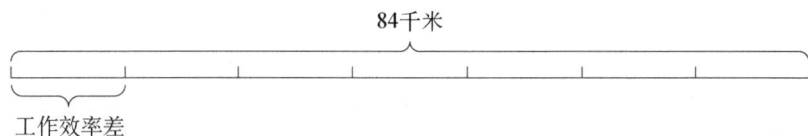

生：线段图上的一份即是工作效率差，比计划的工作效率和实际的工作效率值都大了，明显与题意不符。

同学们通过线段图很容易就能发现"工作量÷工作时间差＝工作效率差"这个数量关系式是有问题的。

◇ **方法二：除法性质比较**

师：如果用"工作量÷工作时间差"，商会发生什么变化呢？

生：被除数不变，而除数变小了，所以商会变大，原来题目中所求的工作效率差应该比计划工作效率和实际工作效率都小，这就和原来题目要求不同了。

通过不同方法的对比指导，学生可以选取自己更易理解的方法来解决问题。

3. **及时练习，跟进辅导**。为了了解学生对这类应用题的掌握情况，我出了两道选择题，重在考查学生对题意的理解：

从统计情况来看，全班绝大部分同学已经能够辨析清楚两种题型的区别，通过后

1. （2分）【多选题】小亚在20分钟内打了1700个字，小巧同样的时间打了1560个字，小巧平均每分钟中比小亚少打几个字？正确的算式（ ）

☐ **A.** 1700÷20-1560÷20

☐ **B.** （1700-1560）÷20

☐ **C.** 1700÷20-1560

☐ **D.** 1700-1560÷20

☐ **E.** 1700-1560

◯ 答案解析

☑ 作答详情

◯ 正确：   23人

◉ 错误：   1人

◯ 未提交：   6人

☑ 错误答案统计

  ☑ 其它错误答案：   1人

沈欣璃
未作答 ✗

2. （2分）【多选题】工程队修一条长96千米的公路，原计划32天完成，实际24天就完成了，实际每天比原计划多修多少米？正确的算式是（ ）

☐ **A.** 96÷32-96÷24

☐ **B.** 96÷24-96÷32

☐ **C.** 96÷（32-24）

☐ **D.** 96÷32-24

◯ 答案解析

☑ 作答详情

◯ 正确：   21人

◉ 错误：   3人

◯ 未提交：   6人

☑ 错误答案统计

  ☑ 错误答案一：   1人

  ☑ 错误答案二：   1人

  ☑ 其它错误答案：   1人

顾应要	陈志赈	沈欣璃
A C ✗	B C ✗	未作答 ✗

台教师可以清楚地了解哪些同学在这两种相似概念上还有混淆的情况,在后续教学中可以跟进辅导。从这一次的比较学习实践中,同学们通过两次对比学习,不仅明确了什么时候可以巧算,也使得学生对题意的理解更加深刻,今后在做到类似题目时,不会盲目选择简便算法,而是先理清楚数量关系再解决问题。

多样的对比讲解和辨析,让学生的思维不断碰撞出火花,让思考更为深入。

温馨提示

虽然比较学习能帮助学生辨析相似概念,引发学生深入思考,但如按照上述操作步骤实践,还须注意以下几个方面:

1. **知识点的选择要有代表性**。实施比较学习首先要确定学习的内容,选择教材中较相似和较易混淆的知识点进行对比辨析研究。一是帮助学生复习旧知,二是用来辨析比较新的知识。但要注意选择出的知识点应是学生理解上的难点,而不是为了比较而比较。

2. **巩固练习要有及时性**。比较学习是为了让学生辨析清楚知识点上的模糊处,在课上解决后,课后一定要有跟进练习和辅导。教师可以在课前准备好与知识点相匹配的跟进练习,在课中利用 Pad 推送练习,及时获取学生的掌握情况,对还未掌握要点的学生进行跟踪辅导,同时也可以推送微课让没有懂的学生继续观看,这样有利于关注到每一个孩子的学习状态,帮助每一个学生将课上的知识点掌握牢固。

（撰稿者：郭　毅）

范式 6–2 ────────────────────────────────

混合学习：线上线下共同促进学习

在一年级语文课堂教学中,教师常常会碰到这样的状况:在教师提出了一个问题后,学生跃跃欲试、争相发言,可很多学生回答起来却疙疙瘩瘩,语无伦次。学生的积极性很高,也知道答案,但却不会表达,一个字或一个词重复了好几遍,却怎么也说不清楚、说不连贯。如何才能提高低年级学生口语表达的能力呢? 学习学习,"学"了还要"习",要充分给予学生"学"的时间和"习"的时间,尤其是"习",要尽可能将"习"的面扩大,让每一位学生都有机会表达,逐步引导他们从说不清楚,到逐渐说清楚,到能独立说清楚。

可是,问题又来了,课堂上 35 分钟是有限的,无法让每一个孩子都有面向全体学生和老师进行开口表达的机会,最多只是同伴间的互说,但很明显缺乏老师的指导;也有可能在同学间的你争我说的过程中,忘记了老师本来想让他们说的内容。所以,学生有了表达的欲望,教师有了训练的方向,却苦于没有时间,这是件多么遗憾的事啊!

好在学校开展了电子书包 BYOD 项目,学生自带终端设备,时间的问题、指导的问题、分享的问题、兴趣的问题等等,在线上线下相结合的混合式教学实践中都迎刃而解了。学生能在网络环境中,利用课余时间进行"充分表达",并可反复修改,直到自己满意后方提交学习平台;其他同学能进行非即时的学习,倾听伙伴们的表达,发表自己的建议或意见,学其精华,摒其糟粕,在下一次的线上表达练习中改进、提升。这样的线上线下"混合学习"模式,在以往的传统课堂中由于缺时间、耗精力而无法实现。现在，学生的"说"有了倾听的对象，学生的"听"来自"四面八方"。学习在不经意间产生了，评价在互相学习中完成了，最重要的是，这是课堂内老师不能给予的，或者说无法给予全部的，这是学生主动获取的，这样的学习才有延展性，才能达到事半功倍的效果。

一、"混合学习"——内容丰富，按需满足，方式创新

"混合学习"就是将面对面学习和线上学习结合起来，既发挥教师引导、启发、监控教学过程的主导作用，又充分体现学生作为学习主体的主动性、积极性与创造性；"混合学习"亦是将学生的"学"和"习"相结合，课堂上有了"学"的过程，在课外进行自主的"习"，从而取得良好的效果；"混合学习"还是通过在恰当的时间对合适的人采用适当的学习方式来满足不同的人（或学习团体）的学习风格，以使他们掌握适当的知识技能，从而使学习效果达到最优化。"混合学习"的优势有以下三个方面：

（一）结合多种学习内容的优势

混合学习可以提供多种学习内容，使不同的学习内容形成互补。学生既学习结构性强的知识体系，又接触大量信息资源，有利于培养他们的终身学习能力。混合学习还使学生一方面获得系统的知识，同时也能接触到最新的发展动态，使学习内容接近领域的发展现状，接近学生的学习环境。学习内容适应了学生的需要，就会引发学生的内在学习动机，实现良好的学习效果。

（二）满足学习者多种需要

学生具有不同的个性特征和对学习内容、学习目标的要求。有的学生希望进行自定步调的学习，而缺乏学习自觉性的学生则希望有更多的监督机制；有的学生只需要了解一些信息，以更新知识结构，而有的学生则需要与同学进行交流，以培养必要的技能。单纯的 E-learning 方式是不能实现这一点的。首先，单纯的在线学习易于产生厌倦，许多学生在独自学习时感到孤独、缺少集体归属感，他们渴望与人探讨问题。其次，学生需要的人际交流难以在 E-learning 学习方式中获得。信息性的学习内容最好采用自定步调的学习模式；而技能性和程序性的学习内容则需要开展实践活动，进行

人际交流和互动，以利于技能的形成。混合学习正是为这种需要提供了解决方案，它可以有效地提高学生的学习兴趣以及学习效果。

（三）促使学习者使用新技术

混合学习方式结合了传统技术和新技术，学生可以根据自身特点选择包含不同技术手段的学习方案。学生可以在已掌握技术的基础上，逐渐熟悉和接受新技术。

二、"混合学习"——线上线下集合学习，实现真正个性化

"混合学习"是将面对面学习和线上学习结合起来，为学生提供多种学习内容，形成互补，同时满足学生不同的个性特征和学习需求。现就一年级第二学期语文学科一则案例，做具体实践操作的步骤说明。

（一）了解内容，学习语言

一年级下的语文教材中，课文渐渐长了，教师在课堂上要带领着学生进行充分的、各种形式的读，目的是达成最基本的"读通顺"。而在读通顺的基础上，要进行随文学习生字、在语境中理解词语，从而了解课文所写的内容。只有扫清了字词的障碍，在读通顺的基础上，才能进一步学习课文的语言，进而模仿语言，进行表达训练。

（二）基于文本，情感朗读

有了"读通顺"的基础，就可以进行表达训练了？显然不行。因为学生没有将文本的语言内化为自己的语言，又怎能"输出"语言呢？这当中缺少了一个环节，那就是——朗读。对于一年级下的学生而言，朗读只需读出相应的语气即可，不强求"有感情"。所以，"基于文本，情感朗读"成了表达训练的第二级"台阶"。学生只有读出了语气，将自己的理解通过朗读表现出来，才能体会到语言文字背后的含义或情感，才能为之后的表达训练打下扎实的基础。

（三）发挥想象，训练表达

一年级下的课文大多都是一个个有趣的故事，有些故事在编写的时候也特别注意一年级学生的年龄特点，段式结构安排上都一致，教师教起来可以"从扶到放"，学生学起来可以从"跟着学"到"自主学"。而这些结构相同的语段正好可以作为学生模仿语

言形式,进行口头表达的好"榜样"。学生口头表达的内容应来自于课文,却又拓展开去,旨在让学生发挥合理想象,使表达"言之有物"而又"兴趣盎然"。

(四)发布研讨,线下练习

学生在课堂上表达的欲望十分强烈,教师适时、适当的点拨及引导,可以让学生明白自己说得好的方面,也清楚自己还需改进的地方。但一节课哪可能有这么多的时间?没机会发言的学生垂头丧气,有机会发言却又说得不好的学生,也没有再一次修改的机会……如此种种,削弱了学生表达的兴趣,也让教学效果大打折扣。何不利用手中的终端,来一场"想说就说"的开怀大交流?教师在学习平台上发布"分组研讨",提出"说话"要求,学生利用课余时间进行练习,以录音的形式提交。一下子,活生生的说话段子跳脱于指尖、耳畔。没有时间、空间的限制,让一切的"口头表达"都来得那么顺畅。也因每个人都要进行声音的"曝光",所以一些所谓的后进生也十分努力——他们也想在同伴评价中得一个"赞"!线下的"学"与线上的"习",混合学习让每一位学生都经历了学习的过程,多有效,多开放!

(五)分享评价,互相学习

活生生的说话段子跳脱于指尖、耳畔,是否就是线上学习的"终结"?当然不是。教师、学生都能进行互相的学习、点评、追评。看看自己得了几个"赞",看看有多少人给自己的录音留了言,几位"学霸"是怎么说的,可有借鉴之处。分享学习成果,让枯燥的作业有了欣赏的对象;互相点赞评价,使自己更清楚优势和不足;最重要的是,伙伴互学的方式都是学生自主的,比教师的"填鸭式"不知要好几百倍。同龄人之间的意见,学生更能接受,也更愿意改进。互相欣赏、评价中学习来的内容远比"表达训练"本身来的有意义得多。

(六)总结经验,再次展现

学生互相点评后,爱学习的孩子一定想有一次"重来"的机会。AISCHOOL学习平台就能实现他们的愿望,只要教师发布学习任务之前勾选"允许反复提交"按钮,学生就能进行二次提交,把自己最满意的作品提交上去。线上"说话"还能和语文课外实践活动相结合,比如可以在班级中举行一次讲故事大赛,内容就来源于日常课文的拓展说话。在平台上进行"投票海选",选出参赛选手,进行现场"面对面"式的展示。从线下到线上，再到线下，这一个学习的轮回，让学生徜徉在"表达"的海洋中，在一次次修改打磨中，不断提升学生的表达能力，将话说完整、说规范、说得更吸引人。

三、打破以往，从"混合"出发，构建新学习方式

上述操作方法从"了解内容，学习语言"入手，通过"情感朗读"、"表达训练"让学生将所学语言内化并输出，接着采用"混合学习"模式，将线上线下学习结合起来，将学生的学习积极性调动起来，将同伴学习的内容丰富起来，从而不断提升学生的表达能力，将话说完整、说规范、说得更吸引人。

例如《蜗牛学艺》的教学设计片段就是这样的：

（一）了解内容，学习语言

1. 轻声读课文，想一想有哪些小动物主动来教蜗牛本领，他们分别说了什么。

2. 生自由读课文。（随机指导读书习惯）

3. 指名交流，出示兔子说的话。

4. 学习"教"字。兔子要教蜗牛跑、跳。如果老师说"教"的右半部分共有三笔，同意吗？

5. 指名说。

6. 跟小老师书空反文旁。

7. 蝴蝶也飞来了，女生读。（出示蝴蝶说的话）

8. 学习"跟"字。蝴蝶要蜗牛跟她学飞。"跟"这个字藏着我们今天要学的新部首——足字旁。看看谁的眼睛亮！什么区别？（出示：足字旁、"足"这个字）一起书空足字旁。在手心里写一写"跟"这个字。

9. 远处的鸭子也来向蜗牛打招呼了，男生读。（出示鸭子说的话）

10. 学习"招"字。打招呼要用摆摆手，所以是"提手旁"，读准翘舌音。

11. 生字回到句子中，同桌互相读一读这三组对话。

（二）基于文本，情感朗读

1. 生字回到句子中，加上蜗牛的回答，你能读好这三组对话吗？自己练一练。

2. 学生自由读。

3. 指名分角色读前两组对话，男女生分角色读最后一组对话。（随机指导语气）

(三) 发挥想象，训练表达

1. 过渡：虽然小动物们都拿出了自己最擅长的本领来教蜗牛，但蜗牛什么都不要学，为什么呢？

2. 指名说。

3. 才就是才能、才华，全才就是？

4. 指名说。

5. 全才师傅没找到，蜗牛只能继续向前爬，他还会碰到哪些小动物，又会展开怎样有趣的对话呢？ 四人小组，说一说、演一演吧！

（出示图片：大象、孔雀、猴子、青蛙、啄木鸟）

（出示小组分工：1 位做旁白、1 位演蜗牛、2 位演动物）

6. 小组准备。

7. 指名 3 个小组表演。

随机点评几个方面：

(1) 小动物们所教的本领一定是自己擅长的。

(2) 小动物说话前可以加上怎么样地说。

(3) 注意同样意思第二次出现，要用上"也"。

8. 就这样，蜗牛爬过坡，越过岭，可还是没找到全才师傅。你们说，有没有全才师傅？

9. 指名说。

10. 对呀，哪有人样样都会，样样精通的呀，学本领就得踏踏实实，一项一项地学，可怜的蜗牛不明白这个道理，你来劝劝它吧！

11. 指名交流。

(四) 发布研讨，线下练习

1. 那么多同学都想上台来表演，老师特别开心，可是铃声响了，我们就在 Pad 中完成吧！

2. 发布"分组研讨"。内容：全才师傅没找到，蜗牛只能继续向前爬，他还会碰到哪些小动物，又会展开怎样有趣的对话呢？找上几个好朋友，一起说一说、演一演。

3. 学生自由组合，录音也行，录像也可。

（五）总结经验，再次展现

以上案例充分发挥了"混合学习"模式的优势，学生既学习了结构性强的知识体系，又接触大量信息资源，有利于培养他们的持续性的学习能力。并且学习内容适应了学生的需要，就会引发他们的内在学习动机，实现良好的学习效果。同时也通过逐渐熟悉和接受新技术来提升学生在信息时代的数字素养。

温馨提示

虽然混合学习能补充我们的学习模式，给学习带来更多资源、变化及优势，但如按照上述操作步骤实践，还须注意以下几个方面：

1. **学习效果及学习项目的成本达到最优化**。混合学习的宗旨决定了我们在实施混合的时候要把其看作是一个过程而不是目的，可以把这个过程根据需要分为不同的阶段，在不同的阶段采取不同的学习方式，最终达到促进学习的目的。

2. **科学分配在线学习与面对面学习的时间**。比如，面对面学习的时间（也就是教师或者指导者与学生面对面的时间）很宝贵，最好不要向学生展示一些通过在线学习就很容易读懂和理解的信息。

（撰稿者：俞蓉蓉）

⬤ 范式 6-3 ——————————————————————————

迷你学习： 更好地满足个性化学习需求

在班级教学中,作为一名班主任兼语文教师,经常会遇到这样的一种现象：班里学生的学习能力有差异,有的学生很快就完成了老师布置的作业,而有的学生动作慢。这样一来,一些孩子学有所余,一些孩子时间不够用。学习不够自觉、自律性不强的学生,做完规定的学校作业之后,就会无所事事,更有甚者会前后左右骚扰同学,浪费了很多时间。如何帮助孩子充分地利用这些碎片化的时间呢?

基于学校 BYOD 背景下,我引入了“迷你学习”的教学模式。课前,使用兔展平台进行交互式预习,课中使用 AISCHOOL 平台开展个性化教学,课后使用问卷星、UMU 平台进行即时反馈巩固性学习。在“互联网＋”教学的时代里,运用新技术、新模式,极大地调动了学生的学习积极性,充分地满足了学生的个性化学习需求,有效地利用了学习中的碎片化时间,提高了学习效益。

一、微学习,量身定制的个性学习

“迷你”,百度百科解释为小的,短的,袖珍型的。“迷你学习”,从字面上看,意为微型学习,这种学习模式在时间、内容上都有一个特点：短小,易于随时随地进行学习,不占时间。在如今微产物盛行的时代,“迷你学习”满足了学生们碎片化和个性化的学习需求,同时也改变了传统的课堂教学,让教学与数字化接轨,让学生在校园里除了接触书本，也能通过指尖触动享受阅读，接受在线学习，了解时代新产物，培养信息化思维，提升信息素养能力。我们口中的"迷你学习"和数字化教育里提到的"微学习"的概念不谋而合。微学习由奥地利学者林德纳于 2004 年首次提出，被认为是存在于新媒介生态系统中，基于微内容、微媒体的新型学习。自 2005 年至 2013 年，微学习国际会议已经召开七届，微学习的相关研究经历了三个发展阶段，即最初侧重于微学习基本内涵的探讨，继而是对于微学习引发的学习变革的分析，再到对于微学习策略、结果、效率的关注。我校是 BYOD 实验校，我们在微学习的资源建设方面，如微视频、微课程的制作；在微学习环境的创建方面，如基于 BYOD 的教学模式的实践研究；在微学习软件的使用和探究方面，如基于兔展平台的交互学习，基于 AISCHOOL 平台的教学，基于 UMU 交互平台的学习，基于问卷星的交流反馈学习等，这些微学习空间的构建及教学模式在本校都形成了相对稳固的模式。

"迷你学习"具有如下三大特点：其一，从学习的内容来看，它可以是一种学习资源，也可以是一个学习活动，比如一个微视频的学习，一系列微课程的学习，再比如用 AISCHOOL 平台发布的一个主题研讨，在 UMU 平台上发布的拍照展示互动交流区等。各种和既定学习内容相关的作业设计，在某种意义上，也是一种迷你学习。这些学习内容的时间短，内容精而少。其二，从学生学习的空间和时间来看，它可随时随地开展，可以在课间，可以在排队间隙……可以自己随性安排，也可以在教师规定的时间内完成。其三，微学习，由于是基于新媒介而生发的一种学习模式，因此，作为一种学习资源，它可以反复学习，反复操练，方便快捷。在"互联网＋"的大时代，基于学校的 BYOD 模式开展迷你学习的教学实践，具有如下优势：

（一）迷你学习环境的创设更为关注学生的个性化需求

迷你学习环境的创设，让学生具有充分的自主控制权，学生可以自主选择适合的学习资源，按需所学，自定步调进行学习。此种学习模式，确定了学生的主体地位，集聚以信息技术为核心的外部学习环境优势，形成以学生为中心贯穿始终的学习连续系统，构建最优化的数字化学习新形态。

（二）迷你学习资源的优化可以满足学生的动态学习需求

在信息技术日新月异、信息大爆炸的时代，所有的知识、技术都在不停地更新，学生对学习资源的需求也是呈动态发展变化的，而基于技术的资源建设可以做到随时更新和优化升级，满足了学生对学习内容的动态发展需求。

当然，迷你学习环境的优化需要教师不断地提升自身的专业素养和信息素养。基于BYOD模式的教学实践研究，需要教师探索各学习平台的功能和最佳使用方法，从而优化课堂教学，优化学生的作业练习，有效提高教学有效性。而这些能力的形成都极大地促进了教师专业素养和信息素养的提升。

随着科技信息化的进一步发展，迷你学习必将对教育领域带来巨大影响，它有着广阔的发展前景。对教师而言，迷你学习将革新传统的教学与教研方式，突破教师传统的听评课模式。比如：基于微课资源库的创建，在课堂教学中设计有针对性的微型研讨，设计优化的微型作业等，都将有效促进教师教学思维的更新及专业化的发展。对于学生而言，微课能更好地满足学生对不同学科知识点的个性化学习，既可查缺补漏又能强化巩固知识，是传统课堂学习的一种重要补充和拓展资源。特别是随着手持移动数码产品和无线网络的普及，基于微课的移动学习、远程学习、在线学习、"泛在学习"将会越来越普及，因此，诸如此类的迷你学习将成为一种新型的教学模式和学习方式。

二、用微课贯穿教学前后，实现增效减负

我校推行BYOD的终极目标是增效减负，即增加教学效益，减少学生学业负担。我们所有的教师齐心协力，众志成城，学习研究各种有利于课堂教学的APP软件，并制作了和学科相匹配的教学资源库。每个学科在基于BYOD的模式中都形成较为完善的教学模式。下面笔者以语文学科为例，简要介绍迷你学习在教学中的应用模式。

（一）课前：推送"迷你导学单"

为了提高学生的预习质量并培养学生良好的预习习惯，我们会利用兔展软件为每一篇课文设计一份迷你版课前导学单，并要求学生在上新课之前务必根据导学单上的要求完成预习任务。这份课前导学单具有三个特点：其一，我们根据年段特点设计有层次性的年级预习单。比如，低段学生在预习时侧重基础知识的掌握和读的练习，考虑到低年级学生的身心特点，因此，我们在设计预习单的时候，有关字词读音、字形、字

义的积累训练就会多一点，且用游戏化的方式来提高预习的有效性。而高段的学生，由于思维水平的发展及身心的发展特点，我们会多设计一些句意片段的理解，文章写法的指导，以及读写结合的点拨等。其二，每一篇课文的预习导学单都带有课文特色和单元特色。即教师要清晰每个单元的单元目标，并能挖掘出每篇课文的独特之处。叶圣陶曾说："教材只是个例子。"每个例子都有一个值得学生学习的知识点、写作方法等。教师把握了单元目标和课文目标，那么预习导学单的设计就有了方向，对学生的训练和指导也就有了保障。其三，这份预习单，学生在上新课之前的任何一段时间都可以做起来。

（二）课中：开展"迷你学习"

小学生语文能力的形成和培养，大多来源于课堂教学。因此，生动有趣、形式多样的课堂教学对提高学生学习的积极性，提高教学效益是大有裨益的。我校基于 BYOD 的课堂教学是以 AISCHOOL 平台为核心来操作实践的，该平台里有很多功能可以快捷地为师生创设一种迷你学习的环境。比如，我们可以在 AISCHOOL 平台里设计一个迷你分组研讨，让大家共同探讨一个和课文有关的深度问题抑或有分歧的问题；或者开展迷你型朗读比赛，大家一起分享成果；可以一起观看一段和课文有关的微视频，共同深入研究里面涉及的知识点和写作方法等；也可以发起一个迷你投票，通过结果分析，分享个人观点。基于 BYOD 的新课堂，实现了互动多向，评价多维，学习机会均等，甚至是一对一的教学，有效地提高了课堂教学的有效性。

（三）课后：发布"迷你二维码"

语文的学习，最重要的是"得法于课内，得益于课外"。课前预习，课中消化，课后巩固，三个环节必须环环相扣，并让学生养成习惯，习惯成自然，好习惯会让学生受益终生。基于此理念，学校的语文教师运用问卷星平台为每一篇课文设计制作了相应的课后迷你固学题，即一个二维码，扫一扫，课后迷你小作业就会跳出来。学生们学完课文后，自己挑选时间完成迷你二维码的作业，也可以根据个人需求和能力进行相关的拓展资源的阅读。这些课后的迷你学习丰富了学生的课余生活，开阔了学生的视野，有效地延展了学生语文学习的外延。

基于 BYOD 教学模式的课前、课中、课后的迷你学习，无论是从形式上，还是内容上,我们都尽力做到迷你化、最优化、多元化。我们意欲通过这样的一种实践模式,培养学生良好的课前预习、课中参与互动、课后巩固的良好学习习惯,从而有效地提高学生的学习效率。

三、巧用微资源,优化教学效益

上述操作方法从"课前预习,课中互学,课后助学"对"迷你学习"进行了具体的阐述,笔者结合沪教版小学语文第十册《慈母情深》的语文教学进行案例式的具体阐述。

(一)课前：推送"迷你导学单"

比如说,明天要上新课《慈母情深》,教师会在上新课的前一天通过班级微信群(QQ群)推送《慈母情深》预习迷你导学单,学生通过相应的兔展网址或者识别二维码直接进入预习界面。(如下图所示)

迷你预习导学单是分为不同的板块来设计的,《慈母情深》这一课的迷你预习单大致有如下四个板块：

◆ 板块一：课文朗读的微视频学习(3分钟左右)。学生通过视频跟读,可以解决字词障碍,找到朗读感觉,掌握朗读节奏,培养朗读能力和语感。同时,富有童趣又生动的画面,可以加深学生对文本的整体把握。

◆ 板块二：预习建议。里面一般有三条建议。

《慈母情深》的预习建议：

① 正确朗读课文三遍。

② 遇到不认识的字词,借助词典理解并标注在其旁边。

③ 边读边思：你从文中的哪些地方感受到浓浓的慈母情,用波浪线划出相关语句,并批注在旁边。一般情况下,"边读边思"里设计的问题是一个贯穿全文的核心问题。

◆ 板块三：预习自测。这里大概有 10 题左右有关字音、字义、词语辨析等基础类的选择题。

◆ 板块四：预习提问。宋人朱熹说："读书无疑者须教有疑,有疑者却要无疑,到这里方是长进。"明人陈献章说："前辈谓学者有疑,小疑则小进,大疑则大进。疑者,觉悟之机也。一番觉悟,一番长进。"因此,学贵有疑,每预习一篇课文,我们都鼓励学生学会质疑,养成边读边思的读书习惯。

学生们可以把预习迷你导学单作为一项回家作业来完成,也可以把它当成一项课间作业,利用自己在校的碎片化时间分板块逐一完成。教师会在课间引导学生如何利用课间的碎片化时间开展有意义的课间活动,这样既可养成良好的课间文明休息的行规,又营建了一种"课间享悦读"的读书氛围。把从小就养成读书的习惯,充分管理自己的碎片化时间的概念植入他们的心田。

习惯的力量是巨大的。心理学巨匠威廉·詹姆斯有一段对习惯的经典注释："种下一个行动,收获一种行为;种下一种行为,收获一种习惯;种下一种习惯,收获一种性格;种下一种性格,收获一种命运。"我们不遗余力地设计并不断地优化课前导学单,不仅能提高课堂教学的效率,更是让孩子在反复的行为操练中,培养良好的预习习惯。

（二）课中：开展"迷你学习"

在当今特别注重"言意兼得","关注学生学习经历"的语文教研氛围中,《慈母情深》这篇课文,我该让学生收获点什么呢?

《慈母情深》一文,最精彩的莫过于细节描写。作者通过母亲的动作、语言、神态等描写,向我们展现了一位辛劳、疲惫、忙碌、通情达理的慈母形象。而本单元的训练重点是：仔细阅读课文，品味作品的语言，体会作者笔下流淌着的人间真情。学贵得法，学贵致用。在细品文本之后，笔者结合课后的"说写双通道"，利用 AISCHOOL 教学平台创设了一个迷你课堂研讨。

【教学实录】一段读写结合的迷你研讨

师：上一节课，我们通过品读几处对母亲动作、语言、神态的细节描写，体会到了慈母情深，感受到了人间那温暖美好的伟大母爱。梁晓声以"母亲坚定地掏出 1.5 元钱给我买书读"这样一件生活中的小事，"以小见大"地写出了浓浓的慈母情深。其实，在我们的身边，这样的"小事大爱"的故事也非常多，如果你是个有心的孩子，你一定能捕捉到就在你身边的爱。(推送分组研讨)给大家每人 3 分钟的时间构思，用简要的语言概括你身边的"小事大爱"。

(生思考准备。教师巡视，相机指导。)

师：我们构思好了自己的写作素材，也可以去看看别的同学的写作素材。你觉得谁的材料好，可以给他送花点赞。如果你觉得他的素材不怎么好，也可以留言给出意见。

(生开始浏览其他学生的材料，并给予及时反馈和评价。同时，教师也可以现场浏览学生的答案，给予评价和简要回复。)

师：我们一起来看看，谁的材料最受欢迎？

生：潘昭霖的。

师：他是怎么写的呢？请他为大家读一读。

生：妈妈最喜欢唠叨。上学前对我说："记得课间要多喝水啊！不要喝冷水，要喝温水啊！"中午吃午饭时，又不忘发来微信："儿子，这两天你感冒了，中午荤菜少吃，要喝水啊！听到没？"下午放学，又一遍问我："今天喝了几杯水？有 8 杯吗？喝得是冷水还是热水……"

师：大多数同学都觉得他这个材料好。我来采访下，你为什么觉得好？

生 1：我觉得它很真实。我妈妈在我感冒时也是这么做的，在我耳边不停地说，她从来不觉得烦。

生 2：我觉得这件事情很小，但是它却能真切地反映出一位母亲对孩子细致入微的关怀和照顾，非常符合"以小见大"的写作要求。

生3：我觉得潘同学很善于发现。全班 30 个学生，就他想到了生活中这样一件几乎人人都经历过的小事，而我们却没能想到这个"小素材，藏大爱"的事例。为他的用心点赞。

生4：……

师：同学们点评得有理有据。那我们再来看看比较大众化的写作材料是什么？你们发现了吗？

生：我发现大家都很喜欢写自己生病了，家人是如何辛苦地带自己去医院，又是如何辛苦地照顾自己。

师：你觉得这样的选材如何？

生：我觉得选材有点雷同。大家都差不多的材料，读者就会有乏味感。

师：是的，所以我们在选择作文材料时，最好寻找和别人不一样的事例。这就需要大家平时对生活的留心和点滴的积累了。会写的孩子，一定是一个会生活、用心的孩子。那如果你实在想不出别的好的素材，只能是这个大众化的事例，那有没有精进的办法呢？谁愿意谈谈自己的想法呢？

生：我们可以把事情发生的过程写具体。

师：如何把事情的过程写具体呢？就拿这次练笔文章来说，如何才能写出那种爱呢？

生：可以像梁晓声爷爷学习，抓住人物的动作、语言、神态，进行细致入微的描写，通过这些，让读者感受到爸爸对你的爱，或者是妈妈对你的爱。

师：大家说得都挺好，那落实到笔头上，是不是真的会将课堂上学到的写作之法用到你的文章里呢？我们下课后，尝试围绕一件小事，抓人物的细节描写，写出身边的各种爱。然后将成品拍照上传到分组研讨里，大家互阅，进行点评。下次我们抽个时间来共同赏析佳作。

【微反思】

基于 BYOD 的教学背景，在课堂上，我们穿插一些别开生面的微环节，围绕一个点，进行深入探讨，集思广益。这样的教学设计，实现了课堂上一对一教学的可能性，评价变得多元化，不同的思想进行碰撞，能启发学生更宽更远的思维。

（三）课后：发布"迷你二维码"

《慈母情深》上完了，我们同样会留课后巩固作业给学生。我们把基于 BYOD 的课后作业叫做课后固学单。这份固学单一般有如下几个板块：

板块一：听写词语。 学生只要打开听写词语的链接，会自动跳到纳米盒软件，里面有《慈母情深》的听写音频资源，老师报，学生写，老师的声音停止了，则意味着这一课的词语听写结束了。这个软件的优势在于减轻了家长的负担。其次，纳米盒的学习资源非常丰富，有专题类的微视频学习，在线课堂，只要学生感兴趣，都可以参加。最为重要的是，纳米盒里的老师声音甜美，设计合理，小版块学习，一个版块专供一个知识点的讲评练，学生学起来不累。

版块二：课外阅读。 打开此处链接，网站会自动跳转到学校 AISCHOOL 平台里的作业练习。这里的作业练习分为两类，一类是基于课文的作业练习，一类是和课文相关联的课外阅读理解的作业练习。一般情况下，都是以选择题为主，基于课文的问题设计10题，基于课外阅读的问题设计 5 题左右，学生完成这些作业不需要花费很长时间。

板块三：课后固学。 这是一个精制作的微视频。教师针对课文中的教学重点、难点、分歧点制作了微视频，方便学生课后有需要的时候再来复习。遗忘规律表明，课堂上学生学会的东西，课后有部分是会忘记的。只有及时复习，才能降低遗忘率，巩固所学知识。我国的大教育家孔子也曾有言"温故而知新"，因此，及时地巩固复习对提高学习效率大有裨益。而用微视频、微课程进行巩固复习的好处在于它可以反复地观看，直到彻底弄明白为止。其次，先前发布的习题，AISCHOOL 会自动生成一个错题集，学生们随时点击错题集，都可以再次复习自己的薄弱环节。

温馨提示

依托 BYOD 项目和数字化校园环境，学生能借助 AISCHOOL 平台、UMU 软件平台学习相关的微视频、微课程，获得更多个性化学习资源和成长空间，但在上述实践操作的步骤中还须注意以下几个方面：

1. **切入点要小，内容要精**。迷你学习的内容一定要确定好，教师事先要了解学生在学习时的重点、难点、疑惑点、分歧点，从而挑选几个点进行切入，精制作相关的微视频，或者精设计相关的微活动，这样"活动"才会愈发精致，所收效果才更加显著。

2. **不要被形式所拘泥**。基于 BYOD 的教学模式开展迷你学习，其形式未必一定就是观看微视频、微课程等这些音视频资源，也可以采用线下开展实体活动和线上交流分享相结合的方式。譬如：教师在开启一个迷你学习活动时，可以通过 AISCHOOL 平台发布主题分组研讨或是投票功能。学生围绕一个话题，展开一个 5 分钟的微讨论；围绕一段文字，撰写一篇微点评；还可以充分利用预备铃 2 分钟的时间，开展一个微演讲、微故事、微作文等活动，并将整个过程拍摄下来，即刻生成一种迷你型学习资源。这样，既可以丰富教学形式，又可激发学生学习的积极性，势必会提高教学的有效性。

（撰稿者：陶 琴）

◉ **范式 6‑4** ————————————————————————————

深度学习：聚焦高阶思维的未来课堂

教学中,我们经常会遇到这样的情景,学生"一听就会,一看就懂,一做就错,一过就忘,一考就晕"。究其原因,就是学习没有用心,学习缺少思考,学习滞留在浅层,要改善这种状况,就要学习、掌握、推广深度学习。

如何让学生能深度学习,有效地掌握知识点、学习知识是教师们面对的一个艰巨问题。目前,我校全面铺开 BYOD 新型学习模式,这给我们提供了多种途径,增加了学生学习中互动的机会。学生在多次的平台交互使用中提升学习层次,通过平台梳理知识点,有针对性地进行练习操作,深化知识点的习得过程的构建,促使深度思考、深度学习。

一、深度,生成新能力

"深度学习"是指引导学生通过意义学习与深度加工,批判性地学习新知识、新思想、新方法;通过深度反省,把学习的感受、感知与感悟有机地融入自己原有的认知结构中,进而提升学习层次,提高学习能力,去适应新情境、探究新问题、生成新能力的综合学习。深度学习的主要优势表现在四个方面:

(一) 注重知识学习的批判理解

要求学生对任何学习材料保持一种批判或怀疑的态度,批判性地看待新知识并深入思考,并把它们纳入原有的知识结构中,建立多元连接。

（二）强调学习内容的有机整合

将新概念与已知概念和原理联系起来，整合到原有的认知结构中，从而引起对新的知识信息的理解、长期保持及迁移应用。

（三）着意学习过程的建构反思

要求学生主动地对新知识作出理解和判断，运用原有的知识经验对问题进行分析、鉴别、评价，形成自我对知识的理解，建构新的知识序列，还需要不断对自己建构的结果进行审视反思、吐故纳新，形成对学习积极主动的检查、评价、调控、改造。

（四）重视学习的迁移运用和问题解决

学生对学习情境的深入理解，对关键要素的判断和把握，在相似情境能够做到"举一反三"，也能在新情境中分析判断差异并将原则思路迁移运用。

总之，深度学习在学习目标、知识呈现方式、学生的学习状态和学习结果的迁移等方面都有着显著的优势。

二、把浅层学习推向深度学习

深度学习鼓励学生追根溯源，刨根问底，倡导学生自主探究、合作互助，但学习离不开老师的指导，深度离不开老师的引导。如何运用 Pad 终端技术的运用把浅层学习推向深度学习，是我们需要认真探究的。

（一）整合意义连接的学习内容，引导学生比较建构

深度学习实质上是结构性与非结构性知识意义的建构过程，也是知识点加工过程，须对旧知和后期的新知进行有效和精细的深度加工。这就需要老师灵活地整合教材，将教材的内容打散并重新组合，将孤立的知识要素连接起来。课前老师可推送相关知识点的预习导学单、新知的微视频导读，课中提供相关练习的链接，课后推送拓展研讨等，指引学生运用自己的 Pad 终端复习旧知，对新问题进行分析、鉴别、评价，形成自我对知识的理解，建构属于自己的新的认知结构。

（二）创设深度学习的真实情境，引导学生积极体验

运用网络平台创设各种学习情境，为学生提供深度学习的信息，教师要努力引导学生获取有用的知识信息,更要促使学生将信息转化为知识,并把新知识与已有知识经验联系起来,对比辨析,在已有知识结构的基础上建构新知识。所以学生对网络学习情境一定要深入理解,积极参与。对关键要素的判断和把握,可以在相似情境中"举一反三",也能在新情境中分析判断差异并将原则思路迁移运用。

(三) 选择持续关注的评价方式,引导学生深度反思

学习的重要收获来源于经常向学生提供有关他们学习的反馈,尤其是当反馈包含了可以引导学生不断努力的具体意见时。当反馈关注学生的学习过程而非最终成果时,反馈就会极大地促进学生学习。所以,教师一定要在学生的学习进展过程中及时给予反馈,运用 AISCHOOL 平台"投票"、"投屏"、"拍照"、"分组研讨"等功能对学习过程进行反馈和指导,进而引导学生根据自己的学习状况调整他们的学习策略。此外,教师在评价的过程中还应重点关注学生认知能力和思维品质的发展,因为发展了的认知能力和改善了的思维品质才会进一步激发学生深入学习、积极探究的动机,才会将学生的学习引入更高层次。

总之,深度学习对学生新知识的掌握和已有知识的巩固有着显著的优势,教师要根据知识点内容和学生实际情况合理设计,有序安排,引导学生参与活动,将知识融入自己原有的知识体系中。

三、构建属于自己的新认知结构

上述操作方法从学习内容的设计出发,通过实践体验、及时评价反馈让学生将知识内化,融入自己原有的认知结构中。运用网络平台推进"深度学习",将线上线下学习结合起来,将学生的学习积极性调动起来,从而不断提升学生的学习研究能力。

现就三年级第二学期《周长》一课为例,详细阐述"深度学习"的具体实施方法:

(一) 整合意义连接的学习内容,引导学生比较建构

对于意义相连接的知识点,学生比较容易混淆,在数学教学中,教师可以通过平台的"课堂提问"、"投票"等功能发布两道意义相联的问题(可以是同一题,对条件稍作修改)给学生操作反馈,使学生在练习中辨析两题的区别,进行评价,形成自我对知识的理解,建构属于自己的新的认知结构。

在《周长》这节课中,当学生知道如何求长方形的周长后,老师通过任务发布,随后投票发布,让学生辨析"面积"的变化对"周长"是否存在一定的影响。

师:请你求出这个长方形的周长。(课堂提问任务发布)

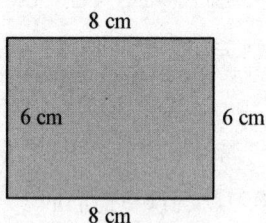

图 a

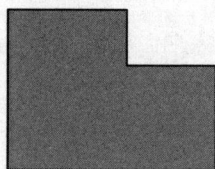

图 b

师:现在我将图 a 的这个长方形做一个小小的改变,请同学们仔细观看,变化后的图 b 的长方形的周长与原来长方形的周长一样吗?

生1:一样。

生2:不一样。

师:看来有不一样的声音,老师给你们发布一个投票,请做出你的选择。(投票:选择"一样"或"不一样")

师:有的同学选择了"一样",有的同学选择了"不一样",看谁的想法对。我们来请两方不同意见的小朋友来辩一辩!你为什么选这个?

通过媒体投票功能,教师能很快地统计出学生的反馈情况和名单。随后教师根据名单组织学生辨析"面积"和"周长"两种概念的区别,打破学生认为"面积大,周长就长"的思维定势,思辨周长概念的本质,引导学生比较构建,促使学生深度学习。

(二)创设促进深度学习的真实情境,引导学生积极体验

数学来源于生活,课堂练习不单单是简单的练习发布和作答,适当运用媒体技术创设真实情境,给学生体验操作的平台,使学生在练习中对比辨析知识点,可以促进学生深度思考学习。

师：同学们都表现得非常好，老师奖励大家一道思考题，我们一起来看看题。（发布课堂提问）

（生读题，并完成提交。）

出示题目：一块长方形草地，中间有一条小道（如图所示）。甲乙两人各自从彩旗出发，按照箭头绕行一周，两人走的路线一样长吗？

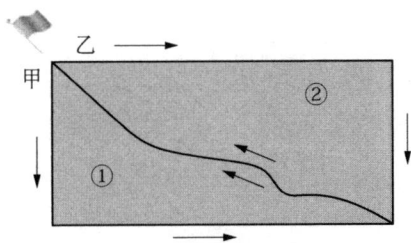

生1：乙的路线长。乙占得面积大。（意义联接内容的辨析）

师：你认为①的面积小，所以周长就小对吗？

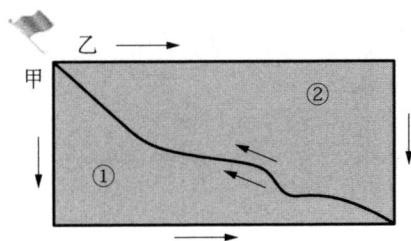

生2：可以根据长方形的特点，上下边相等，左右边相等，中间部分是一样长的，所以他们的路线一样长。（学生运用 AISCHOOL 画图工具展示过程）

师：周长比的是长度，面积大的周长不一定就长。我们后面会继续学习周长和面积之间的关系。

（三）选择持续关注的评价方式，引导学生深度反思

教学设计要时刻关注学生的动态和评价，及时给予学生反馈，引起他们下一步的学习动机。《周长》这节课着重借助投票功能的使用，及时有效地反馈学生的情况，使教师第一时间知道学生的困难点，及时调整后续的授课内容。

图形周长比较　✎

属性：　小学　三年级　数学　下学期

投票说明：B的周长和C的周长一样吗？

B的周长和C的周长一样吗？

主题1：

6cm　B　6cm　C

8cm　8cm

◉ 单选　○ 多选

选项1：一样

选项2：不一样

甲乙路线问题（投票）　✎

属性：　小学　三年级　数学　下学期

投票说明：做出选择，并想想为什么？

一块长方形草地，中间有一条小道（如图所示）。甲乙两人各自按照箭头绕行一周，两人走的路线一样长吗？

主题1：

乙 →
甲
②
①

◉ 单选　○ 多选

选项1：一样

选项2：不一样（甲路线>乙路线）

选项3：不一样（甲路线<乙路线）

在辨析周长时，学生通过投票反馈功能知道自己的选择是否正确，该功能还设有分析内容的呈现，内容包含了可以引导学生不断努力的具体意见。

总之，学生在通过信息技术创设的真实的学习情境中，将旧知结构与新知结构进行比对，批判地建构属于自己的新的认知结构。反馈过程中接触了大量信息资源，有利于培养他们的终身学习能力。同时也通过逐渐熟悉和接受新技术来提升学生在信息时代的数字素养。

温馨提示

"深度学习"在实践操作时，须注意以下几个方面：

1. **有效衔接新旧知识，关注深度学习的维度**。深度学习操作时要求制定高阶思维发展的教学目标，重组相关联的教学内容设计教学来引导学生内化知识，所以教师不仅要对学生的学习能力有充分的了解，还要对教材的新旧知识点了如指掌。

2. **合理分配学习时间，保障深度学习的厚度**。深度学习是一种基于理解的学习，是通过实践思考将新的知识和思想融入原有的认知结构中，并且将已有的知识迁移到新的情境中的一种学习。合作学习是多人实践交流学习，学习过程中每人都有自己的角色操作要求，因此有些学习体验会被不同的角色替代，所以教师要考虑到这一因素，合理分配合作学习和独立学习的时间。

（撰稿者：张　丽）

◉ 范式 6–5 ————————————————————————

探究学习：让学习更主动、更愉快

　　一堂 35 分钟的课，往往是以教师为中心，学生则被动地接受教师传输的知识，这样的学习虽然可以让学生在短时间内储备大量的知识，但是由于它所获得的东西未经过紧张的脑力劳动，没有和兴趣结合起来，所以很容易从记忆中挥发掉。而我们所面对的学生年龄低，他们获得知识的前提需建立在"兴趣"这个前提下，所以教师们在自己的教学中会经常性地运用到"探究学习"，以此激励学生主动参与，乐于探究，勤于动手，从而愉快地获取知识。

　　而今，在探究学习模式下，又融入了 BYOD 的这一新型的教学模式，学生可以在课堂上，可以在家里，进行交互学习。学生可以开展自主、探究、讨论、协作等形式多样的探究学习活动。

一、探究学习，让学生能力知识相得益彰

　　探究学习是指学生在主动参与的前提下，根据自己的猜想或假设，在科学理论指导下，运用科学的方法对问题进行研究，在研究过程中获得创新实践能力，获得思维发展，自主构建知识体系的一种学习方式。通常，在学习概念和原理时，教师只是提供一些文本事例和问题，让学生自己通过阅读、观察、实验、思考、讨论、听讲等途径去独立探究，自行发现并掌握相应的原理和结论。探究学习的优势主要有以下几点：

（一）探究学习，以学生为主，教师为辅

以学生为主，教师为辅，是探究学习的基本特征。在探究学习的过程中，学生的主体地位、自主能力都得到了加强。学生需要根据老师提出的问题，独立思考怎么做、做什么，而不是直接接受书本上或者教师提供的现成的结论。学生不再只是单纯地机械地接受书本上的抽象的知识，而是通过自觉地、主动地探索，研究客观事物的属性，发现事物发展的起因和事物内部的联系，从中找出规律，形成自己的观念。毋庸置疑，学生通过这样的途径获得的知识会理解得更透彻，掌握得更牢固。

（二）探究学习，培养学生的多种能力

表达能力、合作能力等多种能力，会在探究学习中得到逐步提高。在探究学习过程中，教师可能会将班级分成几个小组，然后要求各组协调合作完成任务，这个过程可以培养学生的合作能力以及团队精神。又如，探究过程中，学生要把自己的实验过程或者查阅的资料进行总结梳理，得出自己的结论和解释。不同的学生或者团队可以就同一问题提出不同的解释或看法，他们需要将自己的结论清楚地表达出来，这样的过程不仅可以培养学生的表达能力，同时还能培养学生的团队合作能力。

探究性学习有利于发展学生的主体性，有利于学生自主地学习个性发展所需要的知识，有利于培养学生的可持续发展的能力，使学生学会学习，培养学生健康的社会情感和创造精神。在探究学习中，能力的培养和知识的获得同样重要，它们是相得益彰的两种学习结果。

二、BYOD 下的探究学习，形散神收，主动愉悦

（一）依据教学目标，提出探究性问题

探究学习的主体虽然是学生，但离不开教师的精准指导，所以在英语探究学习中，教师须根据教材内容、语用任务、语用知识和技能目标等，提出合理的、相应的探究性问题，这是探究学习重要的第一步。正所谓"形散而神不散"，这里的"形"，就是我们设计的各种各样的探究学习活动；这里的"神"，就是我们课堂教学要完成的教学任务、教学目标、传授的语言知识等。教师们设计的形形色色的探究学习活动就犹如一个个风

筝,而教学目标则犹如教师手中的线,无论风筝放多远,都要把这条主线拉回来,进行明理强化,巩固知识。这样,既拓展了思维,又在活动中理解记忆所学知识。

（二）借助 BYOD 学习模式,解决探究性任务

探究性问题的精准提出,对学生接下来解决探究性任务,起到了引领的作用。教材内容的有效利用,则可以帮助学生感悟探究的捷径。

在学生解决探究性任务的过程中,教师可以借助 BYOD 学习模式,将学生分成四人一组或是六人一组,利用网络环境,进行集体探究,互相交流、互相补充,集中解决关键问题。教师还可以在 BYOD 网络环境下实时掌控学生的探究学习情况和出现的问题,并参与到学生的互动活动中。

（三）分享探究结果,培养学生能力

探究性学习在教学过程中把学生作为活动的主体,立足于学生的学,以学生的主体活动为中心来展开教学过程。学生在积极主动地参与教学活动过程中以自己的经验和知识为基础,经过积极的探索和发现、亲身的体验与实践,以自己的方式将知识纳入自己的认知结构中,并尝试用学过的知识解决新问题。教师在这个过程中只是一个组织者、指导者和参与者。可借助 AISCHOOL 平台发布讨论,引导学生就同一问题提出不同的解释或看法,并将自己的结论清楚地表达出来,这样的过程可以培养学生的表达能力。

BYOD 学习模式下的探究学习,形散而神不散,学生的活动是自主探究型的,但教师能借助网络终端,时时了解和掌控学生的探究活动。这样的探究,还能在更大程度上激励学生参与活动的积极性和主动性,让学习变得更为主动和愉快。

三、BYOD 下的探究,真正改变了学生

现就四年级第二学期的一则案例,做具体实践操作的步骤说明。

（一）依据教学目标,提出探究性问题

问题是科学研究的出发点,是开启任何一门科学的钥匙。没有问题就不会有解决问题的知识、思想和方法,但问题的提出不可随性而为,必须与教材内容、语用任务、语

用知识和技能目标等相结合，才能真正有助于提高教学的效率。如 Oxford English 4B 《Module1 Unit3 Look at the shadow》第一课时的教学目标是：

1. 模仿跟读核心词：hill，law，path，bench，并理解单词的含义。

2. 初步感知句型 It（does）...并能在理解的基础上，初步学习运用 It(does)...描述树影在一天中的变化和特点。

3. 通过动手实践"Make and say"，理解由于太阳光照的不同，地面影子的大小以及位置也随之产生不同变化，在此基础上，能运用所学语言，介绍树影在一天中的变化。

依据以上的教学目标、教材内容、语用任务、语用知识和技能目标，我在 BYOD 学习模式下，借助 AISCHOOL 平台，在课前的预习任务中，向学生推送了一张图片，并附带上第一个探究任务：观察图片，运用已有的语言说说影子的长短及位置变化。

1. In the morning, how is the tree's shadow? (long or short) Where is it?

2. At noon, how is the tree's shadow? (long or short) Where is it?

3. In the evening, how is the tree's shadow? (long or short) Where is it?

这三个问题与教材内容、教学目标、语用任务、语言知识技能紧密结合，同时又发挥了学生的主体地位，让学生带着问题去探索"shadow"这一知识点，从而极其自然地理解了书本中的文本内容。这种通过学生自觉地、主动地探索，从而发现事物的规律，形成自己的观念的过程，远比教师课堂上机械地灌输有趣味多了。

（二）借助 BYOD 学习模式，解决探究性任务

探究学习的模式很多，其中比较典型的有"动手做"学习模式和情境探索学习模式。"动手做"（Hands-on）是一种实施科学教育的模式，其特点是，教师通过设置适当的活动和任务，使学生投入到真实的情境中去，在亲自动手操作的实践过程中学习知识、掌握科学的思维方法、培养对科学的积极态度。在 Oxford English 4B《Module1 Unit3 Look at the shadow》中，我借助 BYOD 学习模式，通过以下几个环节来解决探究性任务。

1. 创设好问题情境，激发学生探究兴趣

教育学家乌申斯基说："没有丝毫兴趣的强制学习，将会扼杀学生探求真理的欲望"。合理的情境创设不仅可以把学生引入到一种与问题有关的情境中，而且能激发学生学习的兴趣。

本单元的第二课时，我巧妙借助教材中的《Alice's shadow》创设了一个非常有趣味的情境，为学生积极、主动地完成下一阶段的探究任务起到了推波助澜的作用。首先我通过学生们熟知的 Alice 以及图片来引入故事内容：Hello! I'm Alice. I have a good friend. It is my shadow. In the morning, I go to school at seven o'clock. My shadow often goes with me. Sometimes my shadow grows big and strong. Sometimes my shadow grows short and small. Sometimes my shadow stays behind me. Sometimes my shadow walks in front of me. How interesting! I like my shadow. 在这样一个有趣的故事情境中，学生们感知到了影子的有趣变化，对于影子会发生如此多的变化产生了浓浓的兴趣：为什么影子有时候在 Alice 后面，有时候在 Alice 的前面，有时候长，有时候短，有时候大，有时候小？此时，教师就可以及时地将探究任务推送给学生：Sometimes Alice's shadow grows big and strong. Sometimes Alice's shadow grows short and small. Sometimes Alice's shadow stays behind her. Sometimes Alice's shadow walks in front of her. Why? 学生们的回答各不相同，但作为老师的我既不肯定他们的回答，也不否定他们的回答，而是继续引导："影子的变化是一种科学的现象，需要我们通过一些实验来发现影子变化的规律，同学们你们有兴趣吗？今天就请同学们回家做一个实验"Make and say"，等到做完实验之后，你们就会知道影子的变化是和什么有关了。"听完我的话，学生们的眼睛都发亮了。我知道我设置的这个情境成功地激发了学生的好奇心。

在实践中，我经常巧妙地创设情境或设置悬念导入新课来激发学生的求知欲。因为创设好问题情境，能引发学生的自主性学习，使学生的认知过程和情感过程统一起来。

2. 借助 BYOD 学习模式,解决探究性任务

《Alice's shadow》这一故事情境的创设,激发了学生的一种探究欲望。此时,教师只要适当地组织引导,把学习的主动权交给学生,让学生自主地尝试、操作、观察、动手、动脑,完成探究活动。在 BYOD 学习模式下,我组织学生进行了"Make and say"这个探究实验任务。

首先,将全班分成六个小组,五人一组,每组选出一位组长,然后由这位组长负责收集资料,并在 BYOD 学习模式下,利用 AISCHOOL 平台分配任务,并组织组员在AISCHOOL 平台上开展讨论,分享实验结果。

然后,在课后利用学校 AISCHOOL 平台推送一个《Make and say》的视频,该视频主要是让学生了解实验的操作步骤,这样可以保证学生实验成功的概率更高一些,避免学生茫然不知所措。

第三,在实验的过程中还不能忽略了本单元的教学目标、语言知识技能目标和语用任务。结合这几点,我又通过 AISCHOOL 平台,发送了一段文本,要求学生在做完实验之后,模仿下面的句式：The sun is behind the tree, the shadow... The sun is above the tree, the shadow…将自己的实验结果以录音的形式,通过 AISCHOOL 平台分享在班级群内。教师随时参与分享学生的实验结果,并提出自己的改进建议。这一任务的设置,为学生后面的成果分享做好了铺垫。

BYOD 学习模式下的探究活动,打破了时间空间的局限,学生可以在课堂中,也可以在课后,利用 BYOD 便捷地开展自主、探究、讨论、协作等形式多样的学习活动。这样的教学模式更加符合当下的教育环境。

3. 分享探究结果,培养学生能力

在探究活动中,通过创设问题情境,合作小组内自主探索、交流、对话等活动,可以培养学生多方面的能力,也可以使学生在合作交流的过程中学会与他人合作,并能与他人交流思维的过程和结果,体会在解决问题过程中与他人合作的重要性和感受获得成功的喜悦。

学生通过实践操作,了解了影子的形成规律,并通过 BYOD 学习模式中的

AISCHOOL平台,分享自己的探究结果,在这个过程中,学生运用语言的能力得到了提高。师生、生生间进行互相学习、点评、追评,发表自己的学习心得,看看自己得了几个"赞",看看有多少人给自己的录音留了言,几位"学霸"是怎么说的,有什么可以学习的。这些活动的分享,让枯燥的作业有了欣赏的对象;互相点赞评价,使自己更清楚优势和不足;最重要的是,伙伴互学的方式都是学生自主的,比教师的"填鸭式"不知要好几百倍。同龄人之间的意见,学生更能接受,也更愿意改进。互相欣赏、评价中学习来的内容远比"表达训练"本身来的有意义得多。

BYOD模式下的探究活动,真正改变了学生,让不同层次的学生都有了展示自我的机会。由于动手操作这样一个环节的存在,很多平时沉默寡言的学生也变得积极起来,因为他们亲身参与了实验过程,他们有话可说,也不再害羞和胆怯了。

温馨提示

一年来的教学实践,取得了初步的成果。这表现在:

1. 激发了学生观察生活、发现与探究问题的兴趣,同时也帮助学生取得了丰富的学习体验。

2. 初步培养了小学生收集、整理资料的能力以及对事物进行分析、归纳、创新的思维,发展了探究问题的能力。

3. 使学生逐步养成了合作与共享的习惯。探究性学习正是通过师生互动、生生互动,相互鼓励帮助、合作学习,取长补短,从而引导学生学会分享和合作,使他们感受集体的力量和温暖,并进而把这种精神延拓到日常生活和学习中。

（撰稿者：曹　芬）

后记

时间,是滋养一切成果的土壤。

2012 年起,我校参加上海市闵行区"电子书包"实验项目,先在三年级试行开展。2013 年我校成为闵行区数字化实验校。2014 年起学校开始在课程中实施"BYOD"项目,以构建数字化智慧课堂为核心,打造"教学型数字校园",在学生智学、教师慧教、课程拓展等方面进行了积极而有意义的探索。

基于常态化运用的经验积累,2016 年学校动员每位教师投身到教学方式变革的研究热潮中。教师们从领会要求开始,一路经历了研读文献、寻找热点、明确方向、确定路径、界定概念、统一框架、收集案例、分析提炼等一系列的研究过程,让观念与行动无缝对接,让课程与活动引领探索,由思维方式、行动方式的改变带来人的成长,从而打造一支以"梯队式成长"为方式的项目团队。从初期的迷茫到模板的共享,从行文的艰涩到学科组的互启,从篇章的划分到共同体的细磨。每当遇到重重困难时,我们互助协作、同商共议;每当进度停滞不前时,我们迎难而上、群策群力。一个人的力量何其渺小,但团队的力量不可估量。在这一稿又一稿的字里行间,我们能感受到每一位研究者的踏实与执着,感受到"BYOD"项目实施中的温度、力度、广度、效度,分享着彼此的智慧,创生实践研究的思维方式,提高技术与教育教学融合的能力。

历经 2 年的打磨,《在教室里眺望世界:基于 BYOD 的教学方式变革》一书终于和大家见面了!书稿已成的今天,回望过去,老师们的付出和坚守最终促成书中 6 个篇章 29 种学习模式的精彩展现。书中词藻虽不华丽,文笔略显质朴,但每一篇案例都凝结着一线教师的"大智慧"和"小心得"。纵观全书,彰显着学校在"BYOD"背景下,围绕教与学方式的变革所开展具有黏性的深度专业研习与实践,更是对近 4 年来学校在数字化教学方式变革道路上的总结和肯定。缤纷的课堂成就学生的个性优长，优质的教学成就老师的职业幸福，特色化课程成就学校的内涵发展。"数字化校园"成了学校的一张新名片，我校连续 4 年被评为闵行区电子书包项目优秀校。基于"BYOD"的宽课堂研究让学校发展走向优质化，但在众多荣誉背后，这却是最沉淀的一份礼物！

感谢一路陪伴、指导、支持、鼓励我们的闵行区教育局和教育学院的领导与专家，他们自始至终关注学校发展，不遗余力地支持学校变革。感谢上海市教育科学研究院杨四耕老师，他给我们提供了高端的专业引领，给予项目研究和本书框架设计大力指导，书稿审定均由他斟酌再三完成的。在此，向他们表示最崇高的敬意和真诚的感谢！

在教室里眺望世界，用技术连接世界，让教育变得更加智慧。我们将不忘初心，砥砺前行，努力用信息技术建造一个让学生站在课程中央的"未来学校"。

上海市闵行区罗阳小学校长

王笑慰

2019 年 1 月 10 日